NLP

FÜR ANFÄNGER

Wie Sie die Kraft der Psychologie, Kommunikation und Manipulationstechniken für sich nutzen und endlich all das bekommen, was Sie wollen

INHALT

Einführung in das Neuro-Linguistische Programmieren (NLP)

WAS IST NLP?

Haben Sie sich schon einmal gefragt, warum manche Leute auf dem Gebiet ihrer Expertise so viel erfolgreicher sind als andere? Wie schaffen es diese Experten, beeindruckende Leistungen zu erbringen, während andere versagen? Gibt es Muster in ihrem Verhalten, welche bei anderen fehlen? Wer schafft es, sich durchzusetzen, und wer versagt? Gibt es die berühmte Formel zum Erfolg etwa doch?

Die Entwicklung des NLP

Anfang der 1970er Jahre stellten sich die amerikanischen Wissenschaftler Richard Bandler (*1950) und John Grinder (*1939) dieselbe Frage. Um die begehrte Formel, welche den durchschnittlich-kompetenten Menschen von dem unterscheidet, welcher herausragende Leistungen erzielt, zu erlangen, nahmen sich die Wissenschaftler drei Menschen mit großem Einfluss im Bereich der Psychotherapie als Vorbild:

Fritz Perls – Begründer der Gestalttherapie, Virginia Satir – Begründerin der Familientherapie und Milton H. Erickson – ein Psychiater, welcher die moderne Hypnotherapie maßgeblich prägte.

Um die Verhaltens- und Denkweisen der einflussreichen Therapeuten der Allgemeinheit zu vermitteln und nutzbar zu machen, entwickelten Bandler und Grinder ein Modell, welches eine Sammlung von anwendungsorientierten Informationen und Techniken zur Verfügung stellt, um die Verhaltensmuster erfolgreicher Personen zu beobachten, sich selbst anzueignen und wiederzugeben: Das Neuro-Linguistische

Programmieren (kurz NLP) war geboren. Die Wissenschaftler haben ein Therapie- und Kommunikationsmodell zur Verfügung gestellt, welches folgende Aspekte bietet:

1. Eine Reihe von Tools, die zur Beobachtung, Entwicklung und Wiedergabe von Exzellenz in jedem Feld genutzt werden können.
2. Eine Reihe von Prozessen, die gespeichert werden, nachdem sie erstellt/entwickelt wurden.

NLP bietet Ihnen also die Hilfsmittel, die Sie benötigen, um sich selbst auf eine neue Art besser kennenzulernen. Dieses Bewusstsein über die eigene Wahrnehmung stellt Ihnen neue Handlungsmöglichkeiten bereit, welche genutzt werden können, um Ihre Kommunikation mit anderen zu verbessern oder um sich persönlich weiterzuentwickeln, sodass auch Sie Ihren Zielen ein Stück näherkommen.

Die Wortbedeutung des NLP

Neuro
„Neuro" stellt unser Gehirn und Nervensystem dar. Im NLP ist unsere Wahrnehmung – die Verarbeitung von externen sowie internen Informationen in unserem Nervensystem – eine wichtige Grundlage, um uns selbst sowie andere zu verstehen.

Linguistisch
„Linguistisch" bezieht sich auf die Kommunikation mit uns selbst und mit anderen. Unsere verbale Sprache sowie unsere nichtverbale Sprache – also Körperhaltung, Gestik und Mimik – werden durch NLP nutzbar gemacht, indem wir lernen, welche Signale unser Gegenüber sendet, wie wir auf diese reagieren und wie wir selbst unsere Gedanken und Gefühle kommunizieren.

Programmieren
„Programmieren" umfasst zu erkennen, wie wir programmiert sind, aber auch zu erlernen, wie wir uns selbst umprogrammieren können - das heißt, unsere Verhaltensmuster zielorientiert zu verändern. Das bedeutet nicht, dass Sie Ihre gesamte Persönlichkeit ändern, sondern dass Sie genau die Aspekte Ihrer Persönlichkeit zugänglicher machen, welche Ihnen den Weg zu Ihren Zielen vereinfachen. Auch Ihren internen Zustand – also Ihre Gedanken und Gefühle – können Sie durch NLP gezielt positiv modellieren. NLP kann also als eine Sammlung von Techniken zusammengefasst werden, welche die Grundlagen der menschlichen Wahrnehmung nutzt, um eine verständnisvollere Kommunikation mit unseren Mitmenschen aufzubauen, um unsere internen Zustände positiv zu beeinflussen und unsere charakterlichen Stärken nutzbar zu machen, um unsere Ziele zu erreichen.

Wofür wird NLP genutzt, wofür ist es gut?

NLP ist ein vielseitiges Tool und kann in verschiedensten Bereichen angewendet werden. In der Psychotherapie stellt NLP ein wertvolles Hilfsmittel dar, um Patienten zu zeigen, wie sie ihre eigenen Emotionen jederzeit handhaben können oder wie sie viele Situationen positiver beurteilen können. Durch NLP können außerdem Trance-Zustände erreicht werden, um Emotionen, Stärken oder Erinnerungen hervorzuholen. Unerwünschte oder sogar zwanghafte Verhaltensweisen können aufgelöst werden.

Auch für die eigene Persönlichkeitsentwicklung kann NLP genutzt werden, um sich über die eigene Wahrnehmung und die eigenen Gefühle bewusst zu werden und zu verstehen, wieso Sie auf bestimmte Dinge auf eine bestimmte Weise reagieren. Zu erkennen, auf welche Auslöser Sie emotional reagieren und wie Sie Ihre Reaktion darauf kontrollieren können, kann Ihren Alltag erheblich erleichtern.

Auch im Umgang mit Trauer stellt NLP wertvolle Techniken bereit, um sich von der eigenen Gefühlslage zu distanzieren, sich selbst zu reflektieren und geeignete Lösungen für sich selbst zu finden. Etwa nach einer Trennung beziehungsweise dem Verlust eines geliebten Menschen, oder einfach nach einem Auseinanderleben zwischen Freunden, kann es schwierig sein, aus einer Trauerphase herauszukommen und wieder den normalen Alltag zu bestreiten. Nach einer solchen Zeit und wenn Sie bereit dafür sind, können Ihnen gewisse NLP-Techniken helfen. Beispielsweise kann es passieren, dass bestimmte Auslöser in Ihrem Alltag emotionale Reaktionen in Ihnen hervorrufen. Sie versuchen sich zu sammeln, aber Sie haben keine Kontrolle über Ihre Gefühle. NLP stellt Ihnen die passenden Techniken bereit, um sich selbst in einer solchen Situation zu helfen.

NLP kann nicht nur im Privatleben genutzt werden, sondern kann auch Ihr Berufsleben positiv beeinflussen. Gespräche auf einer vertrauensvollen Basis können Sie nicht nur mit Freunden führen. NLP stellt eine Vielzahl an Werkzeugen zur Verfügung, um mit Ihren Vorgesetzten, Kollegen und Kunden eine gute Verbindung aufzubauen. Sie können nicht nur durch ein paar simple Techniken im Vorstellungsgespräch glänzen, sondern auch in Ihrem Job werden Ihnen die NLP-Techniken zu einem besseren Arbeitsklima, Erfolg bei Verkaufsgesprächen mit Kunden oder einem guten Geschäftsverhältnis mit Kooperationspartnern verhelfen.

Auch in der Erziehung kann NLP genutzt werden, um eine bessere Eltern-Kind-Beziehung aufzubauen. Beidseitiges Vertrauen, zwischen den Eltern und ihren Kindern, spielt eine wichtige Rolle in der Erziehung des Kindes und bei seiner Entwicklung. Entscheidungen und Verbote sollten verständlich für das Kind sein, sodass diese nicht hinterfragt werden müssen. Umgekehrt sollten Eltern ein Verständnis für bestimmte Reaktionen und Verhaltensweisen ihrer Kinder haben.

In jeder Beziehung kann es ab und zu krachen. Oft wird über dieselben Dinge gestritten. Oft werden die Streitpunkte nach einer

Versöhnung nicht aufgearbeitet, bis erneut ein Konflikt entsteht. Eine Trennung kann für einen Partner überraschend und unbegründet sein, wenn Wünsche und Vorstellungen zuvor nicht explizit formuliert wurden. Eine Reaktion Ihres Partners auf Ihre Handlung ist Ihnen ein Rätsel, Sie fühlen sich angegriffen, reagieren ebenfalls aggressiv, ein Streit entsteht. Konfliktpotential in Beziehungen und Unverständnis zwischen Partnern kann das Aus für die Beziehung bedeuten. Wie schon von vornherein Quellen identifiziert werden können, welche einen Streit auslösen könnten, warum diese Quellen Konfliktpotential mit sich bringen und wie beide Seiten in einem solchen Fall aufeinander reagieren sollten, kann mit verschiedensten NLP-Techniken erlernt werden. Bevor eine verständnisvolle Kommunikation zwischen Partnern aufgebaut werden kann, kann NLP zunächst helfen, die subjektive Wahrnehmung des anderen zu verstehen und sich auf ihn einzustellen. Ein Verständnis für die Innenwelt einer anderen Person stellt die Grundlage für eine zielorientierte Kommunikation zwischen Partnern dar.

Die Techniken für das Bewusstsein der eigenen Wahrnehmung sowie die anderer spielen nicht nur in einer Beziehung eine große Rolle, sondern begleiten uns bei jeder Interaktion mit anderen Menschen. Auch in Freundschaften sowie innerhalb der Familie sollten eine verständnisvolle Kommunikation und Vertrauen die Basis sein.

WAS LERNEN SIE IN DIESEM RATGEBER?

Hinweise zur Nutzung von NLP

Bevor Sie praxisorientierte Übungen für verschiedene NLP-Techniken lernen, finden Sie hier zunächst ein paar wichtige Hinweise zur Nutzung vom NLP.

Nicht alle Techniken aus dem NLP sollten bei anderen angewendet werden. Vorsicht ist geboten bei tiefergreifenden Techniken, welche den Zuhörer zum Beispiel in Trance versetzen oder ihn mit einem traumatischen Ereignis konfrontieren sollen. Für Menschen mit psychischer

Vorbelastung sollten NLP-Techniken nur im Rahmen einer Psychotherapie unter Aufsicht eines professionellen NLP-Trainers genutzt werden.

Bevor Sie bestimmte Techniken an sich selbst oder anderen ausprobieren, lesen Sie sich sorgfältig durch, wofür die jeweilige Technik genutzt werden sollte. Fragen Sie sich zu jedem Zeitpunkt, ob Sie sich gerade in einem entspannten Zustand befinden oder ob Sie innerlich aufgewühlt sind. Seien Sie sich bewusst, dass gewisse Techniken Sie mit emotionalen Erinnerungen konfrontieren könnten.

Im Folgenden mache ich Sie zunächst mit den Grundlagen unserer Wahrnehmung und Kommunikation vertraut, bevor Sie einige Techniken des NLP kennenlernen. Die meisten dieser Techniken sollen Ihnen selbst einen bewussteren Umgang mit Ihrer Wahrnehmung und Ihren Emotionen beibringen. Sie lernen, wie Sie Ihr Inneres besser kommunizieren können, wie Sie im Alltag eine Kontrolle über Ihren Gefühlszustand gewinnen können oder wie Sie Ihre eigenen Ziele erreichen können. Techniken, welche sich auf Ihre Kommunikation mit anderen beziehen, sollen vorsichtig genutzt werden und dem einen Zweck dienen, die geliebten Menschen in Ihrem Umfeld besser zu verstehen. Eine bewusstere und bessere Kommunikation miteinander ist hier Ihr Werkzeug, um Konfliktpotential früh zu erkennen und effizient zu lösen.

NLP ist keine Magie, welche Gedankenlesen ermöglicht, Ihnen Ruhm, Reichtum und Macht beschert oder Sie die Kontrolle über Ihre Mitmenschen haben lässt. NLP gibt Ihnen lediglich ein paar Werkzeuge in die Hand, welche Ihre eigenen Ressourcen nutzbar machen sollen, um Ihnen den Weg zu Ihrem Ziel zu zeigen und um Ihnen ein Bewusstsein für Ihr eigenes Verhalten sowie das von anderen beizubringen.

Welche Technik ist die richtige für Sie?

NLP bietet eine Vielzahl an unterschiedlichen Techniken. Manche davon erfüllen komplett unterschiedliche Zwecke, während andere ähnliche Themen behandeln. Es kann daher schwierig sein, zwischen einigen NLP-Techniken zu differenzieren und die richtige für sich selbst zu finden.

Beispielsweise scheinen die sogenannte Swish-Technik, das Six-Step-Reframing und die Diamond-Technik alle dasselbe Thema zu behandeln: Problemlösung. Schauen Sie jedoch genauer in die Anwendung dieser Techniken, werden Sie feststellen, dass die Swish-Technik speziell für das Abgewöhnen von zwanghaften Gewohnheiten geeignet ist, während das Six-Step-Reframing Ihnen helfen kann, unerwünschte Angewohnheiten abzulegen oder sich positive Verhaltensweisen anzugewöhnen.

Damit Sie sich zwischen den vielen Techniken des NLP zurechtfinden und genau die Technik erlernen, welche sich Ihrem Problem anpasst, finden Sie im Folgenden eine kurze Anleitung zur Nutzung der NLP-Techniken.

Kommunikation verbessern
Sie möchten lernen, Ihre Gefühle und Gedanken besser zu kommunizieren und im Gegenzug Ihren Gesprächspartner besser zu verstehen, um Konflikte zu verhindern? Um das zu erlernen, sollten Sie zunächst verstehen, auf welche Weise Sie selbst und Ihr Gegenüber Signale aus der Umwelt verarbeiten und deuten. Hierfür empfehle ich Ihnen, die Abschnitte „Techniken zur Wahrnehmung“ und „Techniken zur Kommunikation“ durchzugehen, bevor Sie mit einigen Übungen starten.

Vertrauen aufbauen
Sie möchten eine bessere Verbindung zu einer Bekannten oder Ihren Arbeitskollegen aufbauen? Auch hier sind Verständnis für die Wahrnehmung und Kommunikation Voraussetzung, bevor Sie im Abschnitt „Rapport, Pacing und Leading“ (ab Seite 30) genauere Techniken erlernen, um Vertrauen mit Ihrem Gegenüber aufzubauen.

Einflüsse auf Ihr Handeln erkennen
Sie möchten verstehen, wie andere Menschen vielleicht schon Einfluss auf Ihre Entscheidungen und Gefühle genommen haben und ein Bewusstsein für solche Einflüsse entwickeln? Die Abschnitte „Techniken zur Kommunikation“ und „Das Milton-Modell“ (ab Seite 36) werden Ihnen hilfreiche Informationen zu diesem Thema liefern.

Emotionen bewältigen und Erinnerungen verarbeiten
Sie haben Probleme damit, vergangene Ereignisse zu verarbeiten und Ihr Alltag ist dadurch beeinträchtigt? Um in einer Situation, in welcher Sie stark durch unkontrollierte Emotionen beeinflusst sind, wieder einen klaren Kopf zu bekommen, können Sie die Übung aus dem Abschnitt „Wie Sie Ihre Wahrnehmung nutzen können, um sich selbst positiv zu beeinflussen“, (ab Seite 15) durchführen. Weitere Übungen zu diesem Thema finden Sie im Abschnitt „Ankern“ (ab Seite 41).
Plötzliche Erinnerungen an eine negative Erfahrung beeinflussen Sie so stark, dass Sie körperliche Symptome, wie beispielsweise Schweißausbrüche, zeigen? Im Abschnitt „Physiologie“ (ab Seite 50) lernen Sie Ihren körperlichen Zustand bewusst zu nutzen, um Ihren internen Zustand zu beruhigen.

Verhaltensweisen abgewöhnen
Sie wollen sich eine zwanghafte Verhaltensweise, wie z. B. das Nägelkauen, abgewöhnen? Hierfür finden Sie eine Übung im Abschnitt „Die Swish-Technik“ (ab Seite 45).

Andere störende Verhaltensweisen, wie beispielsweise das Rauchen, können Sie sich mithilfe der Übung im Abschnitt „Six-Step-Reframing“ (ab Seite 47) abgewöhnen.

Sie möchten eine Phobie in kurzer Zeit loswerden? Die „Fast-Phobia-Technik“ (ab Seite 53) bietet Ihnen eine Anleitung hierfür.

Probleme neu betrachten
Sie durchleben eine negative Situation, auf welche Sie momentan wenig Einfluss nehmen können, wie zum Beispiel eine unerwartete Kündigung Ihres Jobs. Im Abschnitt „Reframing“ (ab Seite 49) finden Sie eine Übung, um aus Ihrer misslichen Lage positive Sichtweisen zu ziehen. Auch die „Diamond-Technik“ (ab Seite 52) kann Ihnen helfen, sich von Ihrem Problem komplett zu lösen. Beide Techniken sind geeignet, um negative Situation aus einem anderen Blickwinkel zu betrachten.

Ziele erreichen
Das Kapitel „Techniken zur Zielerreichung“ bietet Ihnen verschiedenste Techniken, um Ihre Träume zu verwirklichen.

Die „SMART-Methode“ (ab Seite 56) lehrt Sie Schritt für Schritt auf welche Weise Sie Ihre Ziele formulieren sollten, bevor Sie diese in Angriff nehmen.

Die „Zeitlinien-Arbeit“ (ab Seite 59) lässt Sie Ihre Ziele räumlich visualisieren, um diese effizienter zu verfolgen.

Die „Walt-Disney-Strategie“ (ab Seite 60) zeigt Ihnen drei wichtige Blickweisen auf Ihr Ziel, welche Sie einnehmen sollten, bevor Sie anfangen, auf Ihr Ziel hinzuarbeiten.

Sie können sich nicht entscheiden, welches von mehreren Zielen Sie verfolgen möchten. Sie stehen in einem inneren Konflikt. Hierbei kann Ihnen die Technik „Teile-Verhandeln“ (ab Seite 63) helfen.

Konflikte lösen
Sie befinden sich im Streit mit jemandem und können dessen Sichtweise nicht nachvollziehen. Es gibt scheinbar keine gemeinsame Lösung für Ihren Konflikt. Im Abschnitt „Wahrnehmungspositionen 1-2-3“ (ab Seite 38) lernen Sie, eine Konfliktsituation aus verschiedenen Sichtweisen zu betrachten, um einen Konflikt effizienter zu lösen.

Grundlagen des NLP

SELBSTKONZEPT

NLP ist das Werkzeug, um Ihr Denken, Handeln und Fühlen so zu beeinflussen, dass Sie sich das Leben schaffen, welches Sie leben möchten. Einer der mächtigsten Faktoren, welcher menschliches Verhalten und menschliche Wahrnehmung beeinflussen, ist das Konzept, welches Sie von sich selbst haben – Ihr Selbstbild. Dieses setzt sich zusammen aus dem Selbstkonzept – also wie wir uns selbst beschreiben – und dem Selbstwertgefühl – also wie wir uns selbst bewerten. Unsere Identität wird von unserem Selbstbild geprägt und ist daher ein maßgeblicher Faktor, welcher uns von anderen Individuen unterscheidet. Das Selbstkonzept setzt sich aus fünf Faktoren zusammen:

1. Wertvoll: Ihre Erfahrung der Gefühlsqualität
2. Sinnlich/Sexuell: Ihre physische Identität
3. Signifikant: Ihre Bedeutsamkeit
4. Lernfähig: Ihre Verbesserungsfähigkeit
5. Powerful: Sie können Ihren Zustand beeinflussen

NLP verfolgt dasselbe Ziel wie Ihr Selbstkonzept: Ihre Denkweisen, Emotionen und Ihr Handeln zu beeinflussen. Der Unterschied ist: NLP können Sie aktiv nutzen, um Ihr Leben nach Ihren Vorstellungen zu verändern.

Bevor Sie in die Welt des NLP eintreten, stellen Sie sich eine der bedeutendsten Fragen der Philosophie: Wer bin ich?
Über welche Faktoren definieren Sie sich selbst? Ist Ihr Selbstkonzept von Ihren Emotionen geprägt oder von Ihrem Besitz oder Ihrer Bedeutsamkeit?

VORANNAHMEN

NLP basiert auf verschiedenen Vorannahmen zur menschlichen Wahrnehmung und Kommunikation, auf welchen die Techniken und Modelle im NLP aufbauen. Wenn Sie die Vorannahmen im NLP im Hinterkopf behalten, werden Sie den Aufbau der praktischen NLP-Übungen besser nachvollziehen können.

1. Die Karte ist nicht das Gebiet.
Jeder Mensch besitzt eine innere Karte, welche externe Informationen filtert und zusammensetzt. Diese Karte setzt sich nicht nur aus den Sinneseindrücken der realen Welt zusammen, sondern auch aus unseren persönlichen Erfahrungen. Basierend auf Ihrer individuellen Karte, deuten Sie bestimmte Situationen aus Ihrer Umwelt. Das Gebiet - also die Realität - wird mit Ihrer internen Karte abgeglichen und somit subjektiv wahrgenommen. Wenn Sie das Verhalten einer Person verstehen möchten, müssen Sie erkennen, dass jede Person nicht auf die objektive Realität reagiert, sondern auf die subjektive Wahrnehmung dieser.

2. Es gibt keinen Fehler- nur Feedback.
Jedes Verhalten führt zu irgendeinem Resultat. Es gibt kein Versagen, sondern nur Rückmeldung.

3. Jeder Mensch trifft zu jedem Zeitpunkt die für ihn beste Entscheidung.
Jeder Mensch handelt basierend auf den ihm zur Verfügung stehenden Entscheidungen. Zu jedem Zeitpunkt steht eine Auswahl an Handlungen zur Verfügung und jeder Mensch trifft anhand dieser Informationen die für ihn beste Entscheidung.

4. Sie können nicht nicht kommunizieren.
Jedes Verhalten ist Kommunikation. Jeder Mensch sendet zu jedem

Zeitpunkt Signale. Diese zeigen sich nicht nur in den gesprochenen Worten, sondern auch im Verhalten und der Körpersprache einer Person. Selbst wenn Sie nicht verbal kommunizieren, senden Sie nichtverbale Signale an andere.

5. Alle Ressourcen für eine Veränderung stecken im Menschen selber.
Jeder Mensch trägt alle Voraussetzungen in sich, die benötigt werden, um Entscheidungen zu treffen, sein Verhalten zu ändern und seine Persönlichkeit zu entwickeln. NLP bietet eine Anleitung, die passenden Ressourcen für jede Situation zu finden und zu nutzen.

6. Jedes Verhalten ist in irgendeinem Kontext sinnvoll.
Jedes Verhalten, welches Sie gelernt haben, hat irgendwann einen positiven Effekt erzielt, sonst hätten Sie es sich nicht angeeignet. Ziel ist es nun, für einen Kontext mehrere Verhaltensweisen zur Auswahl zu haben, um die Reaktion mit dem bestmöglichen Resultat zu zeigen.

7. Hinter jedem problematischen Verhalten steckt eine positive Absicht.
Jedes Verhalten erfüllt eine Funktion im Leben dieser Person, unabhängig von negativen Nebenwirkungen, die für diese Person sowie andere entstehen können.

8. Flexibilität ist der Schlüssel zum Erfolg.
Die Person, welche das größte Verhaltensrepertoire hat, ist am flexibelsten und hat in jeder Situation die meisten Reaktionsmöglichkeiten. Je mehr Optionen zur Verfügung stehen, desto besser ist das Resultat des Verhaltens. Reagiert Ihr Gegenüber nicht positiv auf Ihre Vorschläge, geben Sie ihm nicht genug Auswahlmöglichkeiten. Die Person, welche am flexibelsten ist, kann den größten Erfolg erzielen – Sie kontrolliert das System.

9. Wenn es irgendjemand kann, können Sie es auch.
Jede Fähigkeit kann in ihre Einzelteile zerlegt werden, welche dann einer anderen Person beigebracht werden können. Wenn die gleichen körperlichen und psychischen Grundlagen vorhanden sind, kann alles, was schon einmal erreicht wurde, wieder erreicht werden.

10. Geist und Körper sind verbunden.
Ihre Gedanken und Gefühle beeinflussen zu jedem Zeitpunkt Ihr Verhalten, Ihre Körpersprache und Kommunikation. Andersherum leitet Ihr körperlicher Zustand auch Ihren internen Zustand.

Techniken zur Wahrnehmung

WIE VERARBEITEN WIR INFORMATIONEN?

Damit Sie verstehen, wie NLP funktioniert und es korrekt angewendet werden kann, sollen Sie zunächst verstehen, wie Menschen Informationen aufnehmen und verarbeiten. Die Entscheidungen und Handlungen eines jeden Menschen basieren auf seiner subjektiven Wahrnehmung der Realität – seiner Karte. In diesem Abschnitt erfahren Sie, wie Reize über unsere Sinnessysteme aufgenommen, gefiltert, verarbeitet und gedeutet werden.

Wahrnehmungskanäle

Der erste Schritt des externen Reizes ist es, die neuronale Schwelle zu überschreiten. Das heißt, dass der Reiz stark genug sein muss, um über unsere Sinneszellen ein neuronales Signal zu erzeugen und Sie ihn wahrnehmen können. Die Wahrnehmungssysteme des Menschen können in die visuelle Wahrnehmung (Sehen), die auditive Wahrnehmung (Hören), die olfaktorische Wahrnehmung (Riechen), die gustatorische Wahrnehmung (Riechen) und die Sensibilität aufgeteilt werden. Sensibilität umfasst die taktile Wahrnehmung (Tasten), aber auch die Oberflächen- und Tiefensensibilität, d.h. die Wahrnehmung von Schmerz, Druck, Temperatur oder Vibration. Allgemein wird die Wahrnehmung von externen Reizen als Exterozeption bezeichnet. Zusätzlich besitzen wir eine sogenannte Interozeption, i.e. die Wahrnehmung und Verarbeitung interner Reize, Eindrücke und Informationen. Hierzu gehört die kinästhetische Wahrnehmung - die Empfindung von der eigenen Lage und Bewegung im Raum.

Indem wir etwas erleben, wird diese Erfahrung durch einen oder mehrere Sinneskanäle repräsentiert. Daher werden unsere Sinneskanäle im Kontext des NLP als Repräsentationskanäle bezeichnet.

Denken Sie zum Beispiel an eine bestimmte Erfahrung. Was sehen, hören, riechen, schmecken oder fühlen Sie? Welche Sinneseindrücke sind vorherrschend und verbinden Sie mit dieser Erinnerung?

Die meisten Menschen nutzen hauptsächlich einen Repräsentationskanal. Das NLP unterscheidet z.B. zwischen dem visuellen Typen, welcher vergangene Erfahrungen sowie gegenwärtige Situationen eher visuell wahrnimmt, dem auditiven Typen, welcher bevorzugt die Geräusche seiner Umwelt wahrnimmt, und dem kinästhetischen Typen, welcher vor allem sein eigenes Körpergefühl während einer Handlung oder Erinnerung wahrnimmt. Natürlich sind Menschen nicht auf einen Repräsentationskanal beschränkt, sondern nutzen immer alle ihre Sinne zur Wahrnehmung und dies in den unterschiedlichsten Kombinationen und Ausprägungen. Jedoch ist einer dieser Repräsentationssysteme meist vorherrschend.

Beispiel:
Stellen Sie sich folgende Situation vor: Ein Paar sitzt morgens am Frühstückstisch. Sie erzählt Ihrem Mann etwas. Dieser schaut währenddessen ununterbrochen in seine Zeitung. Sie wird wütend und wirft ihm vor, nicht zuzuhören. Er hat aber jedes Wort gehört, was sie gesprochen hat und fühlt sich zu Unrecht beschuldigt. In diesem Fall versteht sie nicht, dass ihr Mann sich weniger auf seinen visuellen Wahrnehmungskanal verlässt als sie, sondern eher der auditive Wahrnehmungstyp ist. Ohne Blickkontakt hat sie das Gefühl, er würde ihr nicht zuhören.

Dass eine solche Situation in Ihrem Leben auftritt oder schon einmal aufgetreten ist, ist sehr wahrscheinlich. Durch NLP lernen Sie, zu erkennen, welchen Wahrnehmungskanal Ihr Gegenüber nutzt, was Ihnen zu einer verständnisvolleren Kommunikation miteinander verhilft. Dies lernen Sie im Kapitel „Techniken zur Kommunikation".

Submodalitäten unserer Wahrnehmung

Unsere Wahrnehmungskanäle können noch mehr, als nur die Art des Reizes zu unterscheiden. Indem wir eine Wahrnehmung in ihre einzelnen Unterkategorien aufteilen, bekommen wir Zugang zu den sogenannten Submodalitäten unserer einzelnen Repräsentationssysteme.

Durch die Submodalitäten unseres visuellen Repräsentationssystems können Sie z.B. die Unterscheidung zwischen Farben und Schwarzweiß oder zwischen nah und fern treffen sowie Bewegungen und Tiefe wahrnehmen. Unser auditiver Kanal ist dazu in der Lage, Geräusche in kürzester Zeit zu lokalisieren und verschiedene Töne und Lautstärken zu unterscheiden. Auch der kinästhetische Wahrnehmungskanal kann nicht nur sensible Reize von außen und innen verarbeiten, sondern feinste Nuancen von Gefühlen unterscheiden, wie z. B. Temperatur-, Druck- und Gewichtsunterschiede, aber auch die Struktur einer Oberfläche ertasten oder kleinste Vibrationen in der Luft erkennen.

Um sich selbst einem Wahrnehmungstyp zuzuordnen und ein Bewusstsein für die eigene Wahrnehmung zu entwickeln, können Sie folgende Übungen durchführen:

Trainieren Sie Ihre eigene Wahrnehmung

Übung – Visueller Repräsentationskanal:

1. Erinnern Sie sich an eine beliebige Situation. Sehen Sie die Situation aus Ihren Augen oder sehen Sie sich selbst? Die Perspektive, aus welcher Sie eine Erinnerung sehen, kann Ihnen viel darüber verraten, wie stark Ihre Emotionen währenddessen waren. Fühlen Sie sich emotional stark involviert, wie zum Beispiel in einem Streit mit einem Freund, erinnern Sie sich an die Situation vielleicht eher aus Ihrer eigenen Perspektive? Erinnern Sie sich daran, wie Sie ein Buch gelesen oder gearbeitet haben oder an eine ähnliche Situation, welche wenig Emotionen in Ihnen ausgelöst hat? Sehen Sie sich in der Vorstellung selbst? Ein

Perspektivenwechsel kann Ihnen helfen, Ihre subjektive Wahrnehmung einer Erfahrung zu erkennen und Sie zu schulen, eine angemessene Reaktion zu zeigen.

2. Sehen Sie die Situation farbig oder schwarzweiß? Sehen Sie die Bilder eher nah oder fern? Versuchen Sie an Einzelheiten des Geschehens heran zu zoomen und wieder heraus zu zoomen. Wie nehmen Sie die Situation jeweils wahr?

3. Versuchen Sie nun Formen und Linien in Ihrer Erinnerung zu folgen, welche vielleicht sehr präsent sind. Sind die Linien eher gerade oder kurvig, klar oder verschwommen, unterbrochen oder kontinuierlich? Sind die Formen geschlossen oder offen? Welche Wirkung haben die Formen und Linien auf Sie?

Übung - Kinästhetischer Repräsentationskanal:

1. Stellen Sie sich eine Stoppuhr auf 30 Sekunden. Laufen, gehen oder tanzen Sie umher. Wenn die Zeit abgelaufen ist, stoppen Sie sofort in all Ihren Bewegungen – frieren Sie ein. Versuchen Sie nun die Position, in der Sie gestoppt sind, für eine Zeit zu halten. Welche Muskeln, Sehnen oder Bänder spüren Sie?

2. Laufen, gehen oder tanzen Sie umher. Beginnen Sie mit schnellen Bewegungen und werden Sie kontinuierlich langsamer, bis Sie stehen bleiben. Nehmen Sie bewusst wahr, wie sich das Tempo Ihrer Bewegungen verringert.

3. Nehmen Sie sich Behälter mit unterschiedlichen Gewichten, die Sie vorher abwiegen und einer Reihenfolge (von leicht nach schwer) zuordnen. Stellen Sie die Gegenstände ungeordnet vor sich auf und schließen Sie die Augen. Heben Sie jeden Behälter einzeln hoch und versuchen Sie,

diese in der richtigen Reihenfolge nach Ihrem Gewicht zu ordnen. Spüren Sie dabei, wie viel Kraft Ihre Muskeln anwenden müssen. Am Ende vergleichen Sie Ihre Reihenfolge mit der korrekten. Dort wo Sie Fehler gemacht haben, heben Sie erneut beide Gegenstände hoch und versuchen Sie ihr Gewicht korrekt wahrzunehmen. Je kleiner der Unterschied zwischen den Gewichten, desto schwieriger ist die Zuordnung.

4. Halten Sie inne. Schließen Sie die Augen. Versuchen Sie, Ihren Herzschlag zu spüren. Wie viele Schläge können Sie wahrnehmen?

5. Konzentrieren Sie sich nun auf Ihre Atmung. Spüren Sie bewusst, wie die Luft Ihre Lungen füllt und wieder herausströmt.

6. Setzen Sie sich nach draußen! Schließen Sie die Augen! Spüren Sie die Luft um sich! Ist sie kalt oder warm? Ist der Wind langsam oder schnell? Nehmen Sie Vibration oder Druck von außen wahr? Spüren Sie den Untergrund, auf dem Sie sitzen. Ist er hart oder weich?

Übung – Auditiver Repräsentationskanal:

1. Schließen Sie die Augen und konzentrieren Sie sich auf die Geräusche in Ihrer Umgebung.

2. Wo befindet sich jeweils die Geräuschquelle? In welcher Richtung und Entfernung liegt sie?

3. Was genau hören Sie? Geräusche, Stimmen oder vielleicht Musik?

4.Konzentrieren Sie sich auf die Geräusche. Woher stammen Sie? Ist es vielleicht Wind oder Regen, das Knallen einer Tür oder sind es vielleicht Schritte einer Person?

In diesen Übungen sollten Sie ein Gefühl für Ihre eigene Wahrnehmung erlernen und erkennen, wie Sie selbst Ihre Umwelt deuten. Nun geht es darum, zu erkennen, wie Ihre Sicht auf bestimmte Situationen unterbewusst verändert wird. Vielleicht haben Sie schon einmal im Streit mit einer anderen Person gedacht: „Person X tut so, als würde ich ihr etwas Böses wollen, dabei habe ich nur versucht zu helfen."? Oder Sie haben gemerkt, wie Ihr Gegenüber sich auf eine einzelne Situation versteift hat und es so darstellt, als wäre es immer so?

All diese Missverständnisse sind Produkte unserer subjektiven Wahrnehmung. Das fehlende Verständnis für die Reaktionen anderer kann zu Problemen in unserer Kommunikation und dadurch zu Konflikten führen. Wie Sie gelernt haben, basiert unsere Wahrnehmung nicht auf der Realität, sondern auf unseren Erfahrungen, Gedanken und Gefühlen. Für jeden von uns ist die Realität also intern unterschiedlich repräsentiert. Je stärker die Unterschiede in der internen Karte zwischen zwei Personen sind, desto größer ist auch das Konfliktpotenzial. In welcher Form unsere Wahrnehmung beeinflusst werden kann, lernen Sie hier.

Einflussfaktoren der Wahrnehmung

Jede Sekunde strömt eine große Menge an externen Informationen auf uns ein. Das menschliche Nervensystem ist nicht in der Lage, jede dieser Informationen aufzunehmen und zu verarbeiten. Wie schon erklärt, nutzt es daher die interne Karte unserer Erinnerungen und Erfahrungen, um die Wirklichkeit mit diesen abzugleichen und auszusieben, was für uns irrelevant sein könnte. Wie stark sich Ihre Wahrnehmung von der Realität unterscheidet, hängt davon ab, wie gut Ihr individuelles Filtersystem funktioniert. Der Abgleich der Realität mit unserer internen Karte ist aber nur einer der Filter, der dazu führt, wie wir letztendlich eine Situation wahrnehmen und auf sie reagieren. Wie sich die Filter unserer Wahrnehmung verhalten, zeigt sich in unserer Kommunikation.

Schon bei der ersten Filterung von Informationen kann unser Nervensystem nur Reize erkennen, die stark genug sind, um die neurologische Schwelle zu überschreiten. Im gleichen Schritt werden Informationen ausgesiebt, welche zu detailliert scheinen, was bedeutet, dass wir oft nur einen Teil einer Information aufnehmen. Wenn Ihr Wahrnehmungssystem in diesem Schritt einen Fehler macht, kann es passieren, dass wichtige Beschreibungen und Erklärungen für etwas verloren gehen. Im gleichen Schritt kann Ihre Wahrnehmung so verzerrt werden, dass der Grund für Ihr Handeln und Ihre Worte nicht mehr nachvollziehbar ist. Wenn dann alles, was zu Ihrer inneren Bibliothek dringt, mit dieser abgeglichen wird, kann es passieren, dass einige Ereignisse bereits häufiger gespeichert wurden als andere. Das kann dazu führen, dass eine Information als häufiges Vorkommnis wahrgenommen wird, obwohl dies nicht der Fall sein muss.

Das Filtern von Details wird als Tilgen bezeichnet. Eine unberechtigte Reaktion auf etwas, ist häufig das Resultat einer sogenannten Verzerrung, und die Verallgemeinerung von Informationen wird als Generalisierung bezeichnet. Diese drei Filter zeigen sich in unserer Kommunikation und werden als Metamodell der Sprache zusammengefasst. Im Kapitel „Techniken zur Kommunikation" erfahren Sie mehr darüber.

All diese Filter unserer Wahrnehmung passieren automatisch. Die Realität lässt sich nicht beeinflussen. Allerdings lehrt NLP, wie Sie Ihre subjektive Wahrnehmung selbst beeinflussen können, indem Sie Ihre interne Karte bereichern und verändern. Im nächsten Abschnitt lernen Sie, die Kenntnisse über Ihre subjektive Wahrnehmung zu nutzen, um dieser nicht mehr schutzlos ausgeliefert zu sein, sondern sich in jeder möglichen Situation helfen zu können.

WIE SIE IHRE WAHRNEHMUNG NUTZEN KÖNNEN, UM SICH SELBST POSITIV ZU BEEINFLUSSEN

Sie befinden sich in einer unangenehmen Situation oder werden durch einen äußeren Reiz an etwas Trauriges aus Ihrer Vergangenheit erinnert. Die Gefühle überwältigen Sie, Sie können sich nicht sortieren, Sie können nicht klar denken. In solchen Situationen fühlen Sie sich Ihrer Gefühlswelt schutzlos ausgeliefert. Auch wenn Sie denken, dass Ihnen nichts und niemand helfen kann: Auch in diesem Fall befinden sich alle Ressourcen, um Ihnen zu helfen, in Ihnen selbst. NLP bietet Ihnen die Werkzeuge, die Sie benötigen, um diese Ressourcen für Sie nutzbar zu machen.

In diesem Abschnitt lernen Sie, wie Sie Ihr Bewusstsein für die Repräsentationssysteme und ihre Submodalitäten nutzen können, um mit Ihren gegenwärtigen Erfahrungen kontrolliert umzugehen sowie schlechte Erinnerungen zu bewältigen.

Beispiel:
Ein Extrembeispiel: Vor kurzer Zeit haben Sie einen geliebten Menschen verloren. Der Alltag fällt Ihnen schwer, Sie können sich nicht konzentrieren und jede Kleinigkeit erinnert Sie an Ihren Verlust. Nach einer Trauerphase fällt es vielen Menschen schwer, wieder in den Alltag zurückzufinden. Vielleicht haben Sie Angst, dass beispielsweise auf der Arbeit oder in der Bahn irgendeine Situation einen emotionsgeladenen Ausbruch auslöst?

Mit den folgenden Übungen lernen Sie, Ihre Emotionen zu kontrollieren, indem Sie Ihre Wahrnehmung als Werkzeug benutzen. Hierbei ist es wichtig, dass Sie wissen, ob Sie sich gerade in einem sicheren Umfeld befinden und Gefühle zulassen möchten oder ob Sie in einer unpassenden Situation sind, in welcher Sie nicht von Ihren Gefühlen übermannt werden möchten. Zunächst sollen Sie Ihre Gefühle erkennen, beschreiben und zulassen.

Übung:

1. Der erste Schritt ist es, Ihre Erinnerung einem oder mehreren Wahrnehmungskanälen zuzuordnen. Welche Art von Reiz hat Ihre Erinnerung hervorgerufen? Ein Werbeplakat, an dem Sie oft mit der geliebten Person vorbeigelaufen sind? Ein bestimmtes Lied? Eine fremde Person trug vielleicht das gleiche Parfüm? Werden Sie sich über die Ursache Ihrer Emotionen bewusst.

2. Versuchen Sie, Ihre gegenwärtige Gefühlslage zu kategorisieren. Was genau fühlen Sie? Es kann schwierig sein, die feinen Nuancen und Unterkategorien der eigenen Gefühlswelt zu erkennen. Die folgende Liste soll Ihnen helfen, Ihre Emotionen zu identifizieren. Was fühlen Sie?

- Freude: Zufriedenheit, Vollkommenheit, Stolz, Euphorie, Glück
- Liebe: Verbundenheit, Vertrauen, Dankbarkeit, Leidenschaft, Zuneigung
- Trauer: Betrübtheit, Verzweiflung, Depression, Enttäuschung, Einsamkeit, Sehnsucht, Verlust
- Ärger: Wut, Hass, Verachtung, Enervierung, Aggression, Neid, Eifersucht, Zurückweisung
- Aufregung: Nervosität, Motivation, Neugier
- Angst: Besorgnis, Hilflosigkeit, Entmutigung, Misstrauen, Zerbrechlichkeit, Feigheit
- Ekel
- Überraschung

- Scham
- Verwirrung

3. Versuchen Sie nun, sich zu erinnern, wie Sie sich in der Situation Ihrer Erinnerung gefühlt haben. Auch hier können Sie die obigen Vorschläge nutzen.
4. Haben Sie hauptsächlich visuelle Erinnerungen an die Situation?
Stellen Sie sich Ihre Erinnerung deutlicher vor! Sehen Sie die Szene vor sich wie einen Film? Halten Sie den Film in den Momenten an, welche entscheidend für Sie waren oder welche vielleicht häufiger vor Ihrem inneren Auge auftauchen.
Halten Sie die Momentaufnahme fest. Sehen Sie sich in der Erinnerung selbst? Wenn ja, dann versuchen Sie einmal heraus zu zoomen, sodass Sie sich selbst von außen sehen können. Wie beeinflusst das Ihre Wahrnehmung?
Zoomen Sie weiter heraus. Stellen Sie sich das Bild in einer kleinen Ecke vor, als würden Sie ein Dokument minimieren und es nur noch ganz klein auf Ihrem Computerbildschirm sehen. Wie verändern sich Ihre Gefühle dabei?
Stellen Sie sich die Situation nun in Schwarzweiß vor und beurteilen Sie, wie sich Ihre Wahrnehmung dadurch verändert.

5. Verbinden Sie eher Geräusche mit Ihrer Erinnerung?
Was wurde gesagt? Welches Lied ruft Ihre Erinnerung hervor?
Erinnern Sie sich deutlich an ein Gespräch, versuchen Sie die Szene mal lauter und mal leiser abzurufen, schneller und langsamer, deutlicher oder undeutlicher. Wie verändert sich die Relevanz der Worte und Ihre Gefühle? Können Sie die ganze Situation auf stumm stellen? Wie wirkt die Erinnerung ohne die gesprochenen Worte?

6. Wurde eine kinästhetische Erinnerung in Ihnen ausgelöst? Vielleicht

hat eine Berührung ausgereicht, Sie daran zu erinnern, wie die geliebte Person Ihren Rücken gestreichelt oder Sie umarmt hat? Hatten Sie ein warmes oder kaltes Gefühl? War die Berührung sanft oder fest? Versuchen Sie sich vorzustellen, wie sich die Berührung stärker und dann schwächer anfühlt bis sie komplett verschwindet. Wie verändert das Ihre Wahrnehmung der Erfahrung?

Diese Übungen sollten Ihnen ein besseres Bewusstsein über Ihre individuelle Wahrnehmung und Ihre individuellen Gefühle beibringen. Der Umgang mit Emotionen kann nicht von heute auf morgen erlernt werden und sollte daher in einem sicheren Umfeld geübt werden.
Sind Sie gerade in einer ungünstigen Situation, beispielsweise unterwegs mit Freunden oder auf der Arbeit, eignen sich diese Übungen nicht, da Sie auch zu einer Verstärkung Ihrer Gefühlswelt führen können. Daher finden Sie im Folgenden eine Anleitung für die Kontrolle Ihrer Gefühle im Alltag.

Anwendung im Alltag:
Zunächst wenden Sie Schritt 4 aus der vorherigen Übung an, wobei Sie Ihre Erinnerung in die kleinste Ecke vor Ihrem inneren Auge schieben. Konzentrieren Sie sich darauf, diese verkleinerte Szene zu verwischen. Fokussieren Sie auf Ihre gegenwärtige Wahrnehmung. Was passiert im Vordergrund, was nehmen Sie jetzt gerade wahr? Konzentrieren Sie sich auf die Realität.
Was passiert gerade um Sie herum? Welche Menschen, Gebäude, Fahrzeuge, Pflanzen oder Tiere sehen Sie?
Wenn es sich anbietet, schließen Sie für einen Moment Ihre Augen. Welche Geräusche nehmen Sie wahr? Sind die Geräusche laut oder leise, nah oder fern. Fokussieren Sie sich nacheinander auf die Geräusche und sortieren Sie sie nach ihrer Art. Sind es Schritte, Fahrzeuge, Gespräche, Vogelgezwitscher oder ist es Wind?
Sitzen, liegen, stehen oder gehen Sie gerade? Nehmen Sie den Untergrund wahr. Ist er hart oder weich, kalt oder warm, kantig oder rund?

Spüren Sie den Druck des Untergrundes auf Ihre Füße oder Ihren Rücken. Atmen Sie langsam und tief ein. Spüren Sie wie die Luft Ihre Lungen füllt. Halten Sie Ihren Atem für ein paar Sekunden an und spüren Sie wie die Luft Ihren Körper mit Sauerstoff füllt. Atmen Sie langsam und kontrolliert aus.

Nun haben Sie Übungen kennengelernt, um Ihr Blickfeld nach außen zu richten, indem Sie die äußeren Reize bewusster wahrnehmen, um den Fokus auf Ihren internen Zustand zu verringern.

Techniken zur Kommunikation

Bevor Sie die ersten richtigen Techniken des NLP erlernen, erfahren Sie in diesem Kapitel, wie wir Menschen miteinander kommunizieren und welche Signale wir durch unsere Worte und Körpersprache senden und empfangen.

KALIBRIERUNG

Im NLP gibt es nicht die eine Formel, die für jeden angewendet werden kann. Alle Menschen sind unterschiedlich und NLP befasst sich mit den individuellen Wahrnehmungen und Persönlichkeiten von Personen. Was für Ihre beste Freundin gilt, kann für Ihren Partner der komplett falsche Weg sein, um Zugang zu seinen Gefühlen zu bekommen. Im NLP ist das Einstellen - also das Kalibrieren – auf eine Person daher ein wichtiger Schlüssel für eine klare Kommunikation miteinander.

Um sich auf eine Person zu kalibrieren, müssen Sie erkennen, wie diese Person wahrnimmt, was ihre Signale bedeuten und wie Sie darauf reagieren sollten. Die folgende Übung können Sie mit einer Person durchführen, die Sie schon kennen oder auf die Sie sich kalibrieren möchten.

Übung – Kalibrierung

1. Bitten Sie die Person an jemanden zu denken, den sie sehr mag. Beobachten Sie ihren Gesichtsausdruck dabei.

2. Nun soll die Person an jemanden denken, den sie nicht mag. Sehen Sie den Unterschied in ihrer Mimik?

3. Nun soll Ihr Gegenüber an die Person denken, welche größer ist.

Indem Sie ihren Gesichtsausdruck beobachten, sollten Sie erkennen, an welche Person sie denkt.

Diese Übung können Sie auch mit weiteren Personen oder Situationen durchführen. Sie können Ihr Gegenüber beispielsweise bitten, an eine unangenehme Situation und danach an eine entspannte Situation zu denken. Danach könnten Sie fragen, in welcher Situation ein bestimmter Gegenstand, eine Farbe, oder ein Geräusch vorherrschend waren und beurteilen, an welche Erinnerung Ihr Gegenüber denkt. Je mehr verschiedene Erinnerungen Sie mit einer Person durchgehen, desto genauer können Sie sich auf diese kalibrieren.

KOMMUNIKATIONSMODELL

Oftmals wird die Person Ihnen gegenüber nicht verbal vermitteln, wie es ihr geht, was sie fühlt oder was sie von Ihnen möchte. Viele Menschen erwarten von ihrem Gesprächspartner, dass dieser weiß, was in Ihnen vorgeht, ohne die unangenehmen Dinge explizit aussprechen zu müssen. Andere Menschen wissen selber nicht genau, woher ihre Gefühle rühren und was sie von der anderen Person erwarten. Um zu verstehen, was in der Person vorgeht und wie diese ihre Umwelt gerade wahrnimmt, müssen Sie verstehen, wie sie bewusst sowie unterbewusst kommuniziert.

Nach dem Kommunikationsmodell von dem Psychologieprofessor Albert Mehrabian kann Kommunikation in Worte, Stimmlage und nichtverbale Kommunikation aufgeteilt werden. Letztere umfasst Gestik und Mimik und vermittelt hauptsächlich die Gefühle und Einstellungen eines Menschen. Nach den Forschungsergebnissen von Mehrabians Kommunikationsstudien verlassen sich Menschen zu 55 % auf die nichtverbale Kommunikation – also die Körperhaltung, Gestik und Mimik des Gesprächspartners – zu 38 % auf die Tonlage der Worte und zu nur 7 % auf die gesprochenen Worte des Gegenübers, um den Zustand der anderen Person zu deuten. Das bedeutet, dass Kommunikation hauptsächlich nichtverbal stattfindet und – ob bewusst oder unterbewusst – die Signale des Gegenübers genutzt werden, um einen Eindruck von dessen Gefühlslage zu bekommen. Einige nichtverbale Signale können direkt in Sprache übersetzt werden, wie z.B. ein Handschlag oder ein Zunicken, jedoch sind diese Fälle selten. In manchen Fällen können Sie erkennen, dass jemand Kopf- und Handbewegungen gleichzeitig ausführt. Dies kann bedeuten, dass diese Person etwas hervorheben möchte, was ihr wichtig ist.

NICHTVERBALE SIGNALE

Um Ihr Gegenüber zu verstehen, sollten Sie sich demzufolge nicht zu sehr auf dessen Worte fokussieren, sondern lernen, welche Signale durch die Körpersprache und Stimmlage der Person vermittelt werden. Hierfür können Sie sich ein paar einfache Fragen stellen, während Sie ein Gespräch mit jemandem führen.

Übung:

Stimmlage:
1. Spricht die Person schnell oder langsam, deutlich oder undeutlich? Verhaspelt sie sich oft oder spricht sie fließend? Ist die Tonlage gleichmäßig oder verändert sie sich, wird höher oder tiefer? Jemand, der schnell redet und sich dabei oft verhaspelt, befindet sich höchstwahrscheinlich in einem emotionaleren Zustand, als jemand der langsam und fließend spricht.

Körperhaltung:
2. Wie ist die Körperhaltung Ihres Gesprächspartners? Aufrecht oder zusammengesackt?? Werden die Arme offen verschränkt gehalten? Sind die Schultern hochgezogen oder hängend? Hochgezogene Schultern können auf einen angespannten Zustand hinweisen, während eine

gekrümmte Körperhaltung ein Signal für Traurigkeit sein kann.
Hand-Gestik:

3. Benutzt Ihr Gegenüber schnelle oder langsame Handbewegungen? In welche Richtung bewegen sich die Hände, von der Person weg oder zu ihr gerichtet, kleine oder weitläufige Bewegungen? Beispielsweise sind nach außen gerichtete Handflächen häufig ein Signal für eine offene Haltung der Person gegenüber der Gesprächssituation.

Mimik:
4. Nicht nur die gewohnten Merkmale eines Gesichtsausdrucks, wie z.B. ein Lächeln, ein Stirnrunzeln oder hochgezogene Augenbrauen, können Ihnen Aufschluss über die Gefühlslage Ihres Gesprächspartners geben.

Auch wenn Sie die einzelnen Signale einer Person erkannt haben, fehlt Ihnen noch ein wichtiger Schritt, um diese korrekt zu deuten: Jeder Mensch drückt jede Sekunde nicht nur einzelne aufeinanderfolgende Signale aus. Die Kombination aus diesen Signalen ist entscheidend, damit Sie Verständnis für den internen Zustand der Person gewinnen können. Die Psychologen Paul Ekman und Wallace Friesen teilten die nichtverbale Kommunikation in fünf Kategorien auf. Eine davon zeigte beispielsweise, dass, wenn Kopf- und Handbewegungen simultan auftreten, die Bedeutung der gesprochenen Worte besonders hervorgehoben wird.

Wenn Sie geübt darin sind, die nichtverbalen Signale von anderen zu erkennen und richtig zu deuten, wird Ihnen vermutlich auffallen, dass die gesprochenen Worte häufig nicht dasselbe aussagen, wie die Körpersprache und Tonlage. Diskrepanzen wie diese können ein Zeichen dafür sein, dass Ihr Gegenüber sich in der Gesprächssituation nicht wohlfühlt. Indem wir verstehen, was der andere eigentlich sagen möchte, können wir ihm gezielter helfen, sich zu öffnen.

Augenbewegung - Zugangshinweise

Ein weiteres Signal, welches Sie in einem Gespräch sowohl senden als auch empfangen, ist die Augenbewegung. Die Augenbewegung stellt in einem Gespräch Hinweise darüber bereit, aus welchem Repräsentationssystem gerade Informationen abgerufen werden. Deswegen werden Augenbewegungen im NLP als sogenannte Zugangshinweise bezeichnet. Im Abschnitt „Techniken zur Wahrnehmung" haben Sie gelernt, dass unser Erleben und unsere Gefühle oft hauptsächlich durch einen Wahrnehmungssinn repräsentiert sind. Wie sie erkennen, was für einen Wahrnehmungstyp Sie vor sich haben, lernen Sie jetzt.

Unsere Augenzugangshinweise sind im NLP in sechs Richtungen aufgeteilt. Grob wird unterschieden zwischen: oben, mittig und unten sowie rechts und links. Eine nach rechts gerichtete Augenbewegung ist oft ein Zeichen dafür, dass die Person gerade etwas phantasiert, während eine nach links gerichtete Augenbewegung eher zeigt, dass eine Erinnerung abgerufen wird. Dies kann für Linkshänder umgekehrt sein.

1. Wenn Sie sich visuelle Konstruktionen – also bildliche Phantasien – vorstellen, ist die Augenbewegung oft nach rechts oben gerichtet.

2. Erinnern Sie sich an Bilder, ist die Augenbewegung oft nach links oben gerichtet.

3. Eine auditive Konstruktion – also phantasierte Geräusche – zeigt sich oft durch eine mittig nach rechts gerichtete Augenbewegung.

4. Die Erinnerung an Geräusche und Klänge ist durch eine Augenbewegung mittig-links repräsentiert.

5. Emotionen, Bewegungen und taktile Gefühle zeigen sich durch einen nach unten rechts gerichteten Blick.

6. Führen Sie einen inneren Dialog mit sich selbst, schauen Sie oft nach links unten.

Zunächst stellen Sie sich die folgenden Fragen, um bei Ihnen selbst Augenzugangshinweise hervorzurufen. Indem Sie ein Verständnis dafür erlangen, fällt es Ihnen leichter, auch die Augenbewegung anderer korrekt zu deuten. Achten Sie bei den folgenden Fragen darauf, in welche Richtung sich Ihre Augen bewegen:

Übung:

1. Stellen Sie sich ein blau-gelb gestreiftes Känguru mit einem roten Hut vor. Haben Sie schon gemerkt, wie sich Ihre Augen in eine bestimmte Richtung bewegen?

2. Erinnern Sie sich an ein Kleidungsstück, welches Sie zu einem besonderen Ereignis (z.B. Ihre Einschulung, ein Abschlussball, eine Hochzeit, Mottoparty o.Ä.) getragen haben. Wohin bewegen sich Ihre Augen jetzt?

3. Wie würde es klingen, wenn ein Unwetter mit Klaviermusik dargestellt werden würde?

4. Denken Sie an Ihr Lieblingslied und versuchen Sie, es im Kopf nachzusingen.

5. Wie fühlt es sich an, wenn Sie barfuß im Sommer auf heißen Steinen oder im Gras laufen?

6. Formulieren Sie innerlich eine Nachricht an ihr zukünftiges Ich.

Nun versuchen Sie, all diese Fragen noch einmal zu beantworten und dabei in eine andere Richtung zu schauen als die, welche Sie bei sich selbst jeweils festgestellt haben. Merken Sie einen Unterschied? Fällt es Ihnen schwerer, sich Dinge vorzustellen oder sich zu erinnern?

Sie können auch eine Freundin oder einen Freund fragen, ob diese/r Ihnen die obigen Fragen beantworten möchte. So können Sie die Augenbewegung Ihres Gegenübers beobachten. Auch dieses Signal ist ein Aspekt der Kalibrierung auf Ihr Gegenüber.

METAMODELL DER SPRACHE

Das Metamodell der Sprache ist ein Modell, welches aufzeigt, wie Sprache psychologisch funktioniert. Durch dieses Modell kann der Unterschied zwischen dem Gesagten und Gemeinten herausgearbeitet werden. Es ist quasi ein Werkzeug, um zu erkennen, was zwischen den Zeilen steht.

Gewisse Filter in unserer Wahrnehmung sorgen dafür, dass nicht jede externe Information aufgenommen, verarbeitet und gespeichert wird. Diese Filter sind sehr nützlich für uns, da sowohl Zeit als auch Energie gespart werden, indem nur relevante Informationen aufgenommen werden. Ein einfaches Beispiel dafür ist, dass wir beim Autofahren nicht die Architektur von Gebäuden um uns herum wahrnehmen, sondern nur das Geschehen im Verkehr. Oder auch, wenn wir auf einer Feier mit vielen Mensch und lauter Musik sind und trotz der vielen unterschiedlichen Geräusche noch unseren eigenen Namen hören, wenn wir gerufen werden. Dies alles ist das Resultat der Filterung von Informationen, welche von der externen Umwelt in unser internes System gelangen.

Nicht nur die Aufnahme von externen Reizen unterliegt einer Filterung. Auch wenn wir anderen unsere Erlebnisse mitteilen, sind gewisse Filter aktiv, sodass nur Teile unserer inneren Informationen nach außen transportiert werden. Diese Filter setzen wir teils bewusst und teils unterbewusst ein.

Im Metamodell der Sprache wird zwischen der Tiefenstruktur und der Oberflächenstruktur unterschieden. Die Tiefenstruktur unserer Sprache fasst alle Erfahrungen, Wahrnehmungen und Gefühle eines Erlebnisses zusammen. Die Oberflächenstruktur unserer Sprache sind die Teile einer Erfahrung, welche wir über unsere Sprache, Mimik und Gestik mitteilen.

Der Weg von der Tiefenstruktur zur Oberflächenstruktur wird als Transformation bezeichnet. Auf dem Weg dieser Transformation können durch bestimmte Filter einige Informationen verloren gehen. Metamodell-Verletzungen sind Sätze, in denen Satzteile oder Bedeutungen fehlen (Tilgung) oder Erfahrungen verallgemeinert (Generalisierung) oder verzerrt ausgedrückt werden (Verzerrung).

Es kann sehr nützlich sein, eine Information zu verallgemeinern, sodass eine oder wenige Situationen ausreichen, um sich einen Überblick zu verschaffen oder sich zu schützen. Beispielsweise reicht es, wenn wir ein einziges Mal gesehen haben, dass jemand, der keinen Helm trug, durch einen Fahrrad-sturz schwere Kopfverletzungen erlitten hat, damit wir uns für das Tragen des Helmes entscheiden.

Zwar erfüllen diese Filter in den meisten Situationen eine sinnvolle Funktion, dennoch können sie auch Missverständnisse in der Kommunikation mit sich bringen.

Indem wir verstehen, welche Filter in der Wahrnehmung unserer Gesprächspartner aktiv waren, können wir verlorene Informationen durch gezielte Fragen zurückgewinnen. Filter in der Wahrnehmung anderer können zum Beispiel durch bestimmte Stichworte identifiziert werden.

Im Folgenden ist erklärt, wodurch sich die drei Filter unserer Wahrnehmung – die Tilgung, die Generalisierung und die Verzerrung – auszeichnen und wie Sie diese erkennen und aufdecken können, um eine verständnisvollere Kommunikation zu führen.

Tilgung

Das Fehlen von Informationen durch das Ausblenden störender Reize wird als Tilgen bezeichnet. Eine Tilgung ist kurz und knapp, alle Details werden weggelassen, nur das Nötigste wird übermittelt. Eine Tilgung kann zum Beispiel folgendermaßen aussehen:

Beispiel:
Ihre Freundin fragt Sie: „Wie geht es dir heute?" Sie antworten: „Gut." Sie lassen weg, dass Ihr Arbeitstag zwischenzeitlich eigentlich stressig war, Sie aber einen sonnigen Spaziergang in der Mittagspause gemacht haben und letztendlich zufrieden mit Ihrem Tag waren.

In diesem Fall wäre es problematisch, wenn Sie weglassen würden, dass Sie eigentlich doch gestresster sind. Das Weglassen von Informationen, welche maßgeblich zu Ihrem momentanen Stimmungszustand beitragen, kann ein Konfliktpotential sein. Ihre Freundin kann nicht erraten, dass Sie gestresst und müde sind und keine Lust haben, von sich aus mehr über Ihren Tag zu berichten. Stellen Sie sich vor, Ihre Freundin hatte einen supertollen Tag und erzählt lebendig davon, während Sie immer genervter sind bis Sie etwas Verletzendes wie: „Kannst du mal aufhören so viel zu reden!", sagen. Ihre Freundin wird darauf sicherlich in etwa so reagieren: „Was ist denn dein Problem?", und schon entsteht ein Streit.

Um eine Situation wie diese zu vermeiden, sollte darauf geachtet werden, wie viele Informationen in den Antworten Ihres Gesprächspartners stecken. Durch gezieltes Nachfragen kann eine Tilgung aufgedeckt werden. Tilgungen können leicht aufgedeckt werden, wenn man nach den einzelnen Elementen eines Satzes sucht. Tilgungen beziehen sich auf die beteiligten Personen (Wer?), die Gründe für etwas (Warum?), die Zeit (Wann?), den Raum (Wo?) oder auf welche Art und Weise (Wie?) etwas getan wurde. Ein grammatikalisch richtiger Satz wäre beispielsweise: „Ich treffe mich mit Tina", dennoch fehlen in diesem Satz wichtige

Informationen, um dessen Kontext zu verstehen: Wann trefft ihr euch? Wo trefft ihr euch? Warum trefft ihr euch?

Tilgungen können sich in jedem Element eines Satzes verstecken. Das bedeutet, dass sich die Tilgung sowohl auf das Substantiv, das Verb, das Objekt oder das Adjektiv beziehen kann. Zu diesem Element fehlen dann wichtige Informationen, um etwas verständlich zu erzählen.

Eine Tilgung beim Substantiv – Beispiele:
Tina hat ein Problem – Womit hat Tina ein Problem?

Tina hat keine Lust – Worauf hat Tina keine Lust?

Die warten nur darauf, dass ich einen Fehler mache – Wer wartet nur darauf?

Eine Tilgung beim Verb – Beispiele:
Tina fürchtet sich – Wofür fürchtet sie sich?

Tina isst gerne – Was isst Tina gerne?

Eine Tilgung beim Adjektiv – Beispiele:

Tina ist lustig – Warum ist Tina lustig?

Die Nachricht ist beunruhigend – Warum ist die Nachricht beunruhigend?

Eine Tilgung beim Adverb – Beispiele:
Tina verhielt sich seltsam – Wem gegenüber verhielt sie sich seltsam?

Eine Tilgung bei Vergleichen – Beispiele:
Das ist mir zu teuer – Zu teuer im Vergleich zu was?

Ich habe schlechte Leistungen gebracht – Waren die Leistungen schlecht im Vergleich zu anderen?

Eine Tilgung bei Modaloperatoren – Beispiele:
Weitere Tilgungen können sich in sogenannten Modaloperatoren verstecken. Diese beziehen sich auf die Notwendigkeit, Möglichkeit oder Empfehlung für etwas. Stichworte sind zum Beispiel „müssen", „sollen", „dürfen" oder „können". Dazu ein Beispiel:

Du musst diese Aufgabe erledigen – Was passiert, wenn ich die Aufgabe nicht erledige?

Ich darf so nicht handeln – Was hält dich davon, ab so zu handeln?

Generalisierung

Das Verallgemeinern von Informationen wird als Generalisierung bezeichnet. Auch dieser Filter ist wichtig für uns, um Zeit zu sparen. Wir können nicht für alles, was wir erleben, jedes Mal nachprüfen, wie etwas normalerweise ist und wie eine Ausnahme dessen aussieht. Wenn Sie von Ihren Erfahrungen berichten, ist es viel einfacher zu sagen, dass nie jemand bei Gewinnspielen gewinnt als zu sagen, dass Sie persönlich noch nie das Glück hatten, etwas zu gewinnen. Da eine Generalisierung sich auf die eigenen Erfahrungen bezieht, ist es wahrscheinlich, dass Sie von zwei Optionen immer nur eine erlebt haben. Einer anderen Person ist aber möglicherweise immer nur die andere Option widerfahren. Beide Seiten sind davon überzeugt, dass Ihre Erfahrung immer zutrifft, was zu Missverständnissen und Konflikten führen kann.

Beispiel:

Die Ampel auf dem Weg zu Ihrer Arbeitsstelle ist immer rot und Sie sagen: „Die Ampel an der Kreuzung x ist immer rot." Ihre Gegenüber hatte das Glück, immer zur richtigen Zeit bei einer grünen Ampel anzukommen und sagt: „Das stimmt nicht, die Ampel ist immer grün."

Ein anderes Beispiel: Ihr Partner fragt: „Warum hast du dich so schick gemacht?" Sie antworten: „Ich habe dir doch erzählt, dass ich ein wichtiges Treffen habe. Nie hörst du mir zu!"

Eine Generalisierung ist in manchen Fällen leichter zu erkennen als eine Tilgung, da Sie durch bestimmte Stichworte aufgedeckt werden kann. Worte wie „immer", „nie", „alle", „niemand" sind in den seltensten Fällen angemessen, da es immer Ausnahmen für bestimmte Situationen gibt.

Fehlender Bezug
Generalisierungen können aber auch durch einen fehlenden Bezug aufgedeckt werden, wie zum Beispiel: „Man soll nicht lügen." Hier könnte man fragen: „Wer genau soll nicht lügen?"

Von einem auf alle schließen
Oft wird eine Erfahrung mit einer Sache direkt auf alle Dinge dieser Art bezogen. Wie zum Beispiel: „Frauen sind anstrengend", oder „Männer sind Schweine." Hier kann man nachfragen: „Sind alle Frauen anstrengend?", und „Sind wirklich alle Männer Schweine?"

Wenn Sie merken, dass Ihr Gegenüber seine Erfahrung verallgemeinert, können Sie auf zwei Arten reagieren:

1. Sie können eine Generalisierung des Gesprächspartners fragend wiederholen und dabei übertreiben. Dies könnte folgendermaßen aussehen: „Ich kann niemandem trauen." Sie fragen: „Konntest du wirklich noch nie irgendjemandem jemals vertrauen?"

2. Sie können genauer nach dem Kontext der Generalisierung fragen. Zum Beispiel: „Wurde dein Vertrauen schon einmal missbraucht? Von wem?"

Fehlende Symmetrie:
Eine Generalisierung kann auch aufgedeckt werden, indem Sie Ihre eigenen Annahmen auf sich selbst beziehen, zum Beispiel: „Die Person hat mich nicht angelächelt" – „Habe ich die Person angelächelt?" oder: „Mein Freund beachtet mich nicht mehr" – „Beachte ich denn meinen Freund?"

Behauptungen über Kausalbeziehungen:
Behauptungen über Kausalbeziehungen können auch eine Generalisierung verstecken. „Ich kann nicht immer alle mit meinen Problemen belasten, sonst mögen sie mich nicht mehr" – „Mögen Sie Ihre Freunde

weniger, wenn diese mit Problemen zu Ihnen kommen?“

Gleichsetzung:
Eine andere Art der Generalisierung ist die Gleichsetzung. Hier werden zwei Erfahrungen miteinander verknüpft und als gleich wahrgenommen, zum Beispiel: „Immer, wenn ich nach Hause komme, bist du schlecht gelaunt. Du liebst mich nicht mehr“ – „Bedeutet schlechte Laune immer, nicht mehr zu lieben?“

Verzerrung

Der dritte Filter unserer Wahrnehmung ist die Verzerrung von Informationen. Sie ist durch unsere individuelle Interpretation eines Erlebnisses geprägt. Eine Verzerrung ist aktiv, wenn wir Begründungen für ein Ereignis suchen, wenn wir einen Verantwortlichen suchen oder wenn wir versuchen, das Gesagte von anderen zu interpretieren. In vielen Fällen sind unsere Interpretationen durch unsere Glaubenssätze, Einstellungen und Erfahrungen eingeschränkt. Dadurch haben wir nur einen begrenzten Spielraum für die Reaktionsmöglichkeiten in einem Gespräch. Wir sehen quasi die Oberflächenstruktur unseres Gegenübers durch einen Filter, interpretieren die Informationen, um Sie an unsere Erfahrungen anzupassen und geben dann eine verzerrte Information zurück.

Eine Verzerrung kann wie eine rosarote Brille funktionieren. Sind Sie frisch verliebt, nehmen Sie nur die positiven Eigenschaften Ihres Partners wahr. Sie interpretieren jede seiner Verhaltensweisen als etwas Positives und finden für alle negativen Eigenschaften eine positive Seite.

Eine Verzerrung kann sich aber auch negativ auf unsere Wahrnehmung auswirken. Indem wir uns in Situationen hineinsteigern oder uns sogar vorher schon ausmalen, wie jemand auf unsere Worte reagieren könnte, sind wir voreingenommen. Wenn Sie mit einer bestimmten

Erwartung in ein Gespräch gehen, kann es passieren, dass Sie Ihre Sätze auf eine passiv-aggressive Weise formulieren, obwohl Ihr Gesprächspartner Ihre schlimmen Befürchtungen noch gar nicht bestätigt hat.

Beispiel:
Beispielsweise möchten Sie Ihren Partner fragen, ob dieser heute Abend mit Ihnen ausgehen möchte. In der Vergangenheit hat dieser einmal abgesagt, weil er etwas mit seinen Freunden unternehmen wollte. Damals waren Sie sehr enttäuscht und traurig darüber. Nun stellen Sie sich vor, wie Ihr Partner Ihnen erneut absagt und das Gefühl der Enttäuschung kommt wieder hoch. Vielleicht steigern Sie sich sogar so sehr in die Situation hinein, dass Sie sich vorstellen, dass Ihr Partner genervt von Ihrer Frage ist. Sie denken, er möchte gar nichts mehr mit Ihnen unternehmen und genießt die Zeit mit seinen Freunden immer viel mehr. Vielleicht liebt er Sie gar nicht mehr genug und die Beziehung ist sowieso bald zu Ende? Sie gehen also mit einem schlechten Gefühl in das Gespräch. Bevor Sie das erste Wort gesprochen haben, verrät Ihre Mimik und Körperhaltung eine feindselige Stimmung. Sie sagen: „Wahrscheinlich willst du sowieso wieder lieber was mit deinen Freunden machen, so wie immer. Wenn du mal wieder Zeit für mich übrighast, können wir heute Abend ja endlich mal wieder essen gehen." Ihr Partner wird auf diese Vorwürfe sicherlich nicht begeistert reagieren. Sie haben ihn quasi schon vorprogrammiert, sodass er genauso reagiert, wie Sie es erwartet haben. Vielleicht antwortet er: „Was hast du denn jetzt für ein Problem? Ich habe dir doch nur ein einziges Mal abgesagt?" Durch eine solche Verzerrung können also schnell Konflikte entstehen.

Verzerrung durch Nominalisierung:
Wenn Prozesse zu einem Gegenstand gemacht werden, dann werden Sie nominalisiert. Diese Nominalisierung führt dazu, dass ein Prozess endgültig dargestellt wird und er nicht mehr verändert werden kann.

Generell kann man sagen, dass ein Verb zu einem Gegenstand gemacht wird.

Zum Beispiel kann aus: „Ich vertraue dir nicht mehr, weil ...“ - „Ich habe kein Vertrauen mehr in dich“, gemacht werden. Der Prozess des Vertrauens wurde nominalisiert und endgültig dargestellt. Er vertraut ihr nicht mehr und wird ihr auch nie wieder vertrauen.

Um Nominalisierungen aufzudecken, kann man sich vorstellen, ob man den Gegenstand auf einen Tisch legen kann. Bei einem Teller, einem Würfel oder einem Schal ist dies möglich, während Dinge wie Vertrauen, Liebe oder Hoffnung nicht als Gegenstand abgelegt werden können. Gezielte Gegenfragen, in denen die Nominalisierung denominalisiert wird, können die Verzerrung auflösen.

Im oben genannten Beispiel könnte geantwortet werden: „Was habe ich getan, dass du mir nicht mehr vertraust?“, oder: „Was kann ich tun, damit du mir wieder vertraust?“ Dadurch wird das Vertrauen wieder zu einem Prozess, der nicht vollendet ist.

Verzerrung durch Vorannahmen:
Indem bestimmte vorangehende Sätze als wahr angenommen werden, kann die darauffolgende Behauptung legitimiert werden. Hierbei gilt es, die Vorannahmen durch gezielte Fragen aufzudecken.

Zum Beispiel sagt Ihr bester Freund: „Wenn du schlau wärst, würdest du den Job annehmen.“ Die Vorannahme ist hier, die Behauptung, dass Sie nicht schlau seien. Sie können antworten: „Warum denkst du, dass ich nicht schlau bin?“

Oder Ihre Mutter besucht Sie in Ihrer neuen Wohnung und sagt: „Wenn es hier nächstes Mal wieder so aussieht, komme ich dich nicht mehr besuchen.“ Die Vorannahme ist in diesem Beispiel zusätzlich generalisiert, da der Bezug fehlt. Sie können antworten: „Wie sieht es denn hier aus?“

Ursache – Wirkung

Wenn wir annehmen, dass unser Gesprächspartner durch seine Worte bestimmte Gefühle in uns erzeugt, ist das eine Verzerrung. Unsere Gefühle werden nicht von anderen erzeugt, sondern immer in uns selbst. Wenn Sie sagen, dass Ihr Gegenüber Ihnen ein schlechtes Gefühl gibt, stellen Sie diese Person als Verantwortlichen und sich selbst als Opfer dar, welches keine andere Wahl hat, als so zu empfinden.

Zum Beispiel sagen Sie: „Du machst mich traurig." Ihr Gesprächspartner trägt nun die Schuld an Ihren negativen Gefühlen, fühlt sich selbst vielleicht ungerecht behandelt oder hat ein schlechtes Gewissen. Er könnte aber auch antworten: „Wie genau mache ich dich traurig?" Indem Sie erklären, welche Worte was genau in Ihnen ausgelöst haben, kann Ihr Gegenüber durch eine genauere Erklärung seiner Worte vielleicht bewirken, dass Sie nicht mehr traurig sind.

Gedankenlesen

Durch unsere Erfahrungen haben wir bewusste oder unbewusste Vorannahmen über Gespräche oder Situation in unserem Inneren, welche unsere Erwartungen an eine andere Person beeinflussen. Wenn wir uns in diese Erwartungen hineinsteigern, kann es passieren, dass wir unsere Vorannahmen als real wahrnehmen. Im Gespräch stellen wir endgültige Annahmen über die Gedanken unseres Gegenübers dar, ohne diesem die Möglichkeit zu geben, sich zu erklären. Wir tun quasi so, als könnten wir seine Gedanken lesen.

Unsere Annahmen über die Gedanken des Anderen liegen oft auch in den Annahmen über uns selbst versteckt. Wir projizieren das was wir unterbewusst über uns selbst denken, auf das was die andere Person denken könnte.

Das kann zum Beispiel so aussehen: Sie haben unterbewusst das Gefühl, bestimmte Erwartungen nicht erfüllt zu haben. Ihr Gegenüber hat sich dazu noch nicht geäußert und trotzdem sagen Sie: „Du erwartest immer so viel von mir." Ihr Gegenüber kann natürlich nicht verstehen, woher das kommt. Er könnte nachfragen: „Was genau erwarte ich von dir?"

Verlorener Sprecher
Indem eine Annahme geäußert wird, ohne dabei darauf zu verweisen, wer diese Regel aufgestellt hat oder für wen Sie gilt, wird eine Information so übermittelt, als wäre sie allgemeingültig. Einige Regeln sind Produkt unserer subjektiven Moralvorstellungen und können nicht auf die Allgemeinheit übertragen werden. Deshalb sollten Sie nicht immer alle Regeln hinnehmen, sondern hinterfragen, wer diese aufgestellt hat. Zum Beispiel könnten Sie auf: „Das kann man nicht machen", mit: „Wer sagt das? Wieso kann man das nicht machen?", antworten.

Nun haben Sie drei Metamodell-Verletzungen kennengelernt. Seien Sie in zukünftigen Gesprächen aufmerksam und achten Sie auf bestimmte Stichworte, Formulierungen und Auslassungen. So können Sie schnell erkennen, wenn die Worte Ihres Gegenübers gerade getilgt, generalisiert oder verzerrt wurden. Wenn Sie geübt darin sind, werden Sie zukünftig bewusster auf Vorwürfe reagieren können. Es gilt: Anstatt sich angegriffen zu fühlen, einfach nochmal nachfragen!

RAPPORT, PACING UND LEADING

Haben Sie schon mal erlebt, dass Sie sich mit einer Person, die Sie gerade erst kennengelernt haben, auf Anhieb verstanden haben? Und dass Sie sofort auf einer Wellenlänge waren, es sich sogar angefühlt hat, als würden Sie sich schon ewig kennen? Vielleicht haben Sie auch schon einmal beobachtet, wie andere miteinander agiert haben und ohne dass Sie die Worte verstanden haben, die gesprochen wurden, konnten Sie erkennen, dass sich die Personen gut verstanden haben.

Im NLP nennt man diese Verbindung Rapport. Rapport ist eine

wichtige Grundlage im NLP, um erfolgreich mit anderen zu kommunizieren und eine beidseitige Verbindung aufzubauen. Hierbei geht es nicht nur um die verbale Verbundenheit zueinander, sondern vor allem um die nichtverbalen Signale.

Rapport kommt aus dem Französischen von dem Wort „Rapporter", was so viel bedeutet wie „zurückbringen" oder „erwidern". Aus dem Englischen übersetzt, bedeutet es: „verständnisvolle Verbindung oder Beziehung".

Wenn Sie Rapport mit einer Person aufgebaut haben, merken Sie es: Sie fühlen eine vertrauensvolle Verbindung zu dieser Person, Sie respektieren sich gegenseitig, Sie fühlen sich angenehm und sicher mit der anderen Person, auch wenn Sie vielleicht unterschiedlich sind. Es geht nicht darum, immer einer Meinung zu sein, es geht darum, respektvoll mit den Ansichten des Anderen umzugehen und sich nicht angegriffen zu fühlen, wenn diese sich von den eigenen unterscheiden. Es gilt zu verstehen, dass ein Standpunkt oder die Werte einer Person nicht deren komplette Persönlichkeit widerspiegelt und, dass diese Uneinigkeit nicht auf Ihre Verbindung oder Freundschaft zu dieser Person übertragen werden muss. NLP soll Ihnen helfen, diese Erkenntnis instinktiv im Unterbewusstsein zu tragen, während Sie mit Ihren Mitmenschen interagieren.

Wofür ist Rapport wichtig?

Rapport kann nicht nur mit Ihren Freunden und Verwandten oder allen, die Sie mögen, aufgebaut werden. Rapport kann Sie auch beruflich weiterbringen, wenn Sie mit wichtigen Menschen kommunizieren, die sich von Ihnen unterscheiden und deren Ansichten Sie vielleicht nicht teilen. Rapport ist Ihr Schlüssel, um Ihrem Gegenüber eine angenehme Gesprächssituation zu geben.

Wenn Sie Rapport erlernt haben und dieser in Ihr intuitives Verhalten übergegangen ist, wird Ihr Leben um einiges angenehmer. Sie können eine Menge Zeit und Energie sparen, wenn Ihre Kommunikation auf einer verständnisvollen und effizienten Basis verläuft.

Im privaten Leben kann Rapport sowohl für Ihre Freundschaften als auch für Ihren Partner oder für Ihre familiären Beziehungen eine wichtige Rolle spielen. Wenn Rapport vorhanden ist, ist die Kommunikation zielorientierter, da Signale gegenseitig schneller wahrgenommen werden und darauf reagiert werden kann. Dies ist vor allem bei der Konfliktlösung von Vorteil. Viele Konflikte entstehen, da die Signale des Gesprächspartners falsch gedeutet werden. Die Worte, die gesagt werden, sind oftmals anders gemeint. Rapport unterstützt Sie dabei, auch die nichtverbalen Signale Ihres Gegenübers zu erkennen und richtig zu deuten. Wenn Sie verstehen, wie der Andere tickt, fällt es Ihnen leichter, seine Worte und Handlungen zu verstehen und Konflikte können wesentlich schneller gelöst werden.

Auch im beruflichen Leben kann Rapport für Sie das Tor zum Erfolg sein. Wenn Sie sich schon bei einem Vorstellungsgespräch intuitiv auf den Vorgesetzten einstellen, wird die Chance auf eine Einstellung mit jedem Signal, welches Sie angepasst an Ihren Interviewer zurückgeben, erhöht. Hören Sie aufmerksam zu, lesen Sie die Körpersprache des Gegenübers und finden Sie heraus, wie er denkt. So können Sie auf die unausgesprochenen Vorstellungen und Anforderungen des Anderen reagieren, indem Sie Ihrerseits Signale senden.

Auch wenn Sie Ihren Arbeitsplatz sicher in der Tasche haben, kann es von großer Bedeutung sein, gute Verbindungen zu Kooperationspartnern, Teamkollegen und Ihren Vorgesetzten zu pflegen. In jedem Beruf können kleine als auch große Fehler passieren.

Beispiel:
Sie bearbeiten vielleicht einen Auftrag für einen Partner oder erledigen Aufgaben, die der Arbeit eines Kollegen vorausgehen. Es ist spät, die Deadline rückt näher. Ihr Chef verlässt sich auf Sie. Sie sind gestresst.

Schneller als Sie gucken können, haben Sie eine falsche Buchung oder Überweisung getätigt, ein falsches Dokument zum Drucken in Auftrag gegeben, die falschen Materialien bestellt oder genutzt oder ein teures Gerät falsch bedient. Im schlimmsten Fall müssen Sie Ihre Arbeit nicht nur von vorne beginnen und Sie können Ihren Auftrag nicht rechtzeitig fertigstellen, sondern Ihr Fehler kostet der Firma zusätzlich große Mengen an Geld. Stellen Sie sich vor, wie alle Beteiligten reagieren würden: Hätten Sie Sorge, dass Sie das Vertrauen Ihres Vorgesetzten verlieren oder vielleicht sogar einen Kooperationspartner oder Ihre Position innerhalb der Firma? Bei gutem Rapport mit diesen Personen müssen Sie sich weniger sorgen, wenn Sie einen Fehler machen. Basieren die Kommunikation und Arbeit miteinander auf Vertrauen und Verständnis, werden Sie eine völlig neue Atmosphäre genießen.

Stellen Sie sich vor, dass aufgrund Ihrer guten Beziehung zu Ihren Kollegen oder Kooperationspartnern ein Fehler jeglicher Art schnell verziehen werden kann und Sie verstehen, wie sehr Rapport Ihr berufliches Leben positiv beeinflussen kann. Sie können weniger gestresst sein. Sie können sich selbstbewusster fühlen und so interagieren. Sie wissen, dass jedes Problem effizient gelöst werden kann und dass Sie sich sicher fühlen in Ihrem Umfeld und in Ihrer Position.

Ein weiterer Bereich, in dem NLP ein wichtiges Tool darstellt, ist die Pädagogik. Die Erziehung Ihres eigenen Kindes kann auf einer Basis von Rapport viel effizienter gestaltet werden. Erziehung kann nur auf einer Grundlage von gegenseitigem Vertrauen stattfinden. Wenn Ihr Kind Ihnen vollständig vertraut, kann es Ihre Entscheidungen besser verstehen und annehmen. Rapport spielt hier eine wesentliche Rolle, da das Verhalten von Kindern instinktiver erfolgt und die Kontrolle über die eigenen Emotionen erst noch erlernt werden muss

Rapport ist außerdem ein weit genutztes Werkzeug im Verkauf. Viele erfolgreiche Verkäufer nutzen ganz bestimmte Worte, Gesten und eine ganz bestimmte Mimik, um ihre Kunden von dem Kauf ihres

Produktes zu überzeugen. Sie haben einen bestimmten Draht zu ihren Kunden, welchen andere erfolglos versuchen aufzubauen, es aber einfach nicht schaffen. Ob bewusst oder unbewusst: Der Erfolg dieser Verkäufer lässt sich oftmals durch Rapport begründen. Die Kunden fühlen sich in ihrer Umgebung sicher und vertrauen darauf, dass ihr Gegenüber nur das Beste für sie möchte. Wenn Sie selbst im Verkauf tätig sind, kann Rapport ein mächtiges Werkzeug für Sie sein, außergewöhnlich gut in Ihrem Beruf zu werden. Wenn Sie lernen, Rapport zu erkennen, kann es Ihnen aber auch dazu verhelfen, nicht in einer solchen Verkäufer-Falle zu landen.

Rapport erkennen

Rapport ist nichts, was Sie an- und ausstellen können. Es bedarf Übung und viel Wiederholung, um Rapport aufzubauen und instinktiv anzuwenden.

Bevor Sie versuchen, Rapport zu bilden, müssen Sie erkennen wie sich dieser Zustand in Ihrer Beziehung zu Ihren Freunden und Liebsten manifestiert.

Rapport kann nicht nach festgelegten Regeln entstehen, die für jeden anwendbar sind. Rapport ist individuell und abhängig von Ihrer eigenen Persönlichkeit und der Ihres Gegenübers.

Um zu erkennen, wie SIE Rapport bilden, können Sie sich die Kommunikation zwischen Ihren Liebsten als Modell nehmen. Im Folgenden finden Sie eine Übung, um Rapport zu erkennen.

Übung – Rapport erkennen:

1. Denken Sie an eine Person, mit der Sie auf einer Wellenlänge sind: Welche Signale sendet diese Person? Welche Signale geben Sie zurück? Überlegen Sie auch, wo Sie diese Person oder andere Freunde kennengelernt haben: Durch gemeinsame Hobbys oder Ansichten?

Gemeinsamkeiten mit einer anderen Person zu erkennen, führt zu einem Gefühl von Verbundenheit und Verständnis füreinander und ist somit eine gute Grundlage, um Rapport aufzubauen.

2. Nun denken Sie an eine Person, mit der Sie nicht auf einer Wellenlänge sind, aber es gerne wären: Welche Signale sendet diese Person und welche geben Sie zurück?

3. Wie können Sie die Kommunikation, die Sie mit Person 1 haben auf Person 2 übertragen? Können Sie vielleicht Gemeinsamkeiten finden? Kennen Sie jemanden, der einen guten Draht zu Person 2 hat? Wie gehen sie miteinander um? Welche Signale können Sie übernehmen?
Wichtig ist, dass Sie sich bewusstmachen, wie relevant es für Sie ist, Rapport mit jemandem zu haben. Es bedarf viel Zeit und Energie, eine gute Verbindung mit jemandem aufzubauen und Sie sollten sich sicher sein, dass sich Ihr Aufwand lohnt. So wäre beispielsweise von Bedeutung für Sie, die Kommunikation mit Ihrem Partner weiterzuentwickeln und ein tieferes Verständnis und Vertrauen zueinander aufzubauen. Vielleicht möchten Sie aber auch ein besseres Verhältnis zu Ihrem Vorgesetzten aufbauen oder eine Freundschaft mit jemandem stärken. In jedem Fall wiegen Sie vorher ab, wie viel Nutzen Sie und die andere Person haben werden.

Da es schwierig sein kann, sich bewusst zu werden, mit wem Sie Rapport haben und mit wem nicht, sollten Sie sich Zeit nehmen, ein paar Fragen schriftlich zu beantworten:

- Name der Person:
- Beziehung zu dieser Person:
- Wie möchten Sie die Beziehung zu dieser Person ändern?
- Wie würde diese Änderung Ihre Beziehung beeinflussen?
- Ist diese Änderung Ihre Zeit und Energie wert?
- Was ist gerade wichtig für die andere Person, welche Probleme hat sie

zurzeit?
- Kennen Sie jemanden, der schon Rapport mit dieser Person aufgebaut hat?
- Wie kommunizieren die beiden miteinander?
- Was können Sie übernehmen?
- Was ist der erste Schritt?

Auch wenn Sie das Gefühl haben, dass Sie sich mit manchen Menschen einfach nicht so gut verstehen: Rapport kann mit fast jedem gebildet werden. Im folgenden Abschnitt lernen Sie, wie Sie Rapport mit jemandem aufbauen können. Ein wichtiger Grundbaustein, um Rapport zu bilden, ist das sogenannte „Pacing", was so viel wie „Schritt halten" bedeutet. Jemandem das Gefühl zu geben, wie er zu sein und dass dieser einem Vertrauen kann, beruht auf Pacing.

Durch Pacing kann man ähnliche Gefühle wie der Gesprächspartner entstehen lassen und ihn dadurch besser verstehen. Gestik und Mimik können beispielsweise „gepaced" werden, was bedeutet, dass bestimmte Körpersignale des Gegenübers zunächst erkannt und dann imitiert werden. Dies soll dem Gesprächspartner das Gefühl geben, verstanden zu werden.

Mit Pacing Schritt für Schritt Rapport schärfen

Übung:

1. Gestik und Mimik:
Beobachten Sie, welche Gesten die andere Person oft macht, wie ihr Gesichtsausdruck ist und welche Worte oder Phrasen sie oft benutzt und nehmen Sie einige davon in Ihre eigene Kommunikation auf. Gestikuliert Ihr Gegenüber viel? Fangen Sie an Ihre Hände mehr zu bewegen, während Sie erzählen. Auch die Stimmlage und Geschwindigkeit des Redens können Sie beobachten und annehmen.

Wichtig ist hierbei, dass Sie nur Dinge imitieren, die sich für Sie richtig und gut anfühlen. Sagen Sie nichts, dem Sie nicht zustimmen. Authentizität ist hier fundamental, um gegenseitiges Vertrauen aufzubauen. Egal wie gut Sie anderen etwas vorspielen können – Rapport basiert auf Vertrauen und dieses kann nur gebildet werden, wenn Sie authentische Signale an Ihren Gesprächspartner senden.
Tipp: Wenn Sie wahrnehmen, dass es Ihrem Gesprächspartner nicht gut geht, sollten Sie nicht in der gleichen Weise kommunizieren. Im Abschnitt „Leading" erfahren Sie mehr darüber, wie Sie mit einer emotional aufgebrachten Person kommunizieren können, um dieser ein besseres Gefühl zu geben.
Wie schon im Kapitel „Kommunikation" erklärt, sind die meisten Signale Ihres Gesprächspartners nicht verbal.
Um zu erlernen, Ihr Gegenüber zu verstehen, mit dem Ziel Rapport zu bilden, sollten Sie sich demzufolge nicht zu sehr auf dessen Worte fokussieren, sondern lernen, welche Signale durch die Körpersprache und Stimmlage der Person vermittelt werden.

2. Repräsentationssystem:
Achten Sie darauf, wie die Person Ihnen gegenüber Informationen aufnimmt und welches Feedback sie gibt. Möchte sie viele Details wissen oder eher einen Überblick bekommen über das, was Sie erzählen? Versuchen Sie zu verstehen, welche Repräsentationssysteme die andere Person nutzt. Erzählt sie davon, wie schön grün der Wald beim Morgenspaziergang war oder erwähnt sie zuerst den frischen Geruch des Regens auf den Pflanzen? Wenn Sie erkannt haben, dass Ihr Gegenüber eher ein visueller Typ ist, können Sie gezieltere Fragen stellen.

3. Beobachten Sie die Atmung Ihres Gesprächspartners anhand der Brustbewegung. Versuchen Sie im gleichen Rhythmus zu atmen.

4. Fragen Sie sich von Beginn der Konversation an, was die andere Person für eine Intention hat. Wie lenkt sie das Gespräch und was möchte sie mitteilen. Das kann schwierig werden, da Menschen oft etwas Anderes sagen als sie meinen.

LEADING

Sobald durch geübtes Pacing ein stabiler Rapport zwischen Ihnen und Ihrem Gesprächspartner, Freund/in oder Familienmitglied hergestellt wurde, können Sie diese gemeinsame Basis nutzen, um in einem Gespräch die Führung zu übernehmen. Das wird im NLP als Leading bezeichnet.

Leading kann Ihnen dazu verhelfen, ein Gespräch in die von Ihnen gewünschte Richtung zu lenken. Zum Beispiel möchten Sie in einem Vorstellungsgespräch auf besondere Stärken von Ihnen verweisen und das Gespräch auf ein Themengebiet lenken, in welchem Sie sich gut auskennen. Sobald Sie guten Rapport gebildet haben, verstehen Sie Ihren potenziellen Vorgesetzten besser. Sie können erkennen, was er von seinen Angestellten verlangt und das Gespräch genauso führen, dass gerade diese Eigenschaften von Ihnen im Vordergrund stehen. Durch Rapport kann Ihr Gesprächspartner ebenfalls besser mit Ihnen sympathisieren und lässt unbewusst ein Leading des Interviews Ihrerseits eher zu.

Durch Leading andere positiv beeinflussen

Bei gutem Rapport können Sie den Gefühlszustand Ihres Gegenübers erkennen und im besten Fall verstehen woher dieser kommt. Ist eine gute Freundin gestresst von ihrer Arbeit, zeigt sich das in ihrer Körperhaltung. Die Anspannung können Sie beispielsweise an einer aufrechten Haltung oder hektischen Bewegungen, weit aufgerissenen Augen und einer gerunzelten Stirn erkennen. In diesem Fall sollten Sie kein klassisches Pacing versuchen, bei welchem Sie die Körperhaltung, Gestik und Mimik Ihrer Freundin kopieren. Dieses Mal versuchen Sie mit Ihrer nichtverbalen Kommunikation genau das Gegenteil des internen Zustandes Ihrer Freundin zu repräsentieren: totale Entspanntheit. Setzen Sie sich bequem hin, bewahren Sie eine entspannte Mimik, benutzen Sie weniger und langsamere Gesten mit den Händen. Bei gutem Rapport kann die Person Ihnen gegenüber automatisch Ihre Haltung übernehmen und diese auf ihre Gefühle wirken lassen. Mehr dazu, wie sich unsere Körperhaltung, Gestik und Mimik auf ihre Gefühle auswirken können, finden Sie im Abschnitt „Physiologie“.

MILTON-MODELL

Das Milton-Modell ist quasi eine Umkehrung des Metamodells. Hier werden die Filter des Metamodells ganz bewusst genutzt, um dem Hörer Raum zu geben, die Worte auf seine Art zu interpretieren und auf sich selbst anzupassen. Das Milton-Modell ist nach dem Hypnotiseur Milton H. Erickson benannt, welcher einen ganz besonderen Sprachstil bei seinen Klienten anwandte. Anstatt spezifische Fragen zu stellen, wurden vage Formulierungen genutzt.

Sowohl das Milton-Modell als auch das Metamodell haben das Ziel, unterbewusste Ressourcen im Menschen hervorzuholen, um diese für ihn nutzbar zu machen. Während beim Metamodell Tilgungen, Verzerrungen und Generalisierungen aufgedeckt werden sollen, werden beim Milton-Modell bewusst Formulierungen getilgt, verallgemeinert oder verzerrt. Durch diese bewusst unspezifischen Formulierungen kann der Zuhörer selber entscheiden, auf welche Reise er geht. Er soll dadurch in einen Trancezustand versetzt werden, welcher helfen soll, an die inneren Ressourcen heranzukommen.

Im Folgenden finden Sie einige Beispiele für Formulierungen zur Anwendung des Milton-Modells.

Generalisierung

Generalisierungen können bewusst genutzt werden, um den

Zuhörer selber entscheiden zu lassen, was genau bei ihm selbst „Alles“ oder „Nichts“ ist.

Beispiele:
Lassen Sie alles los, was Sie angespannt sein lässt – Sie können selbst entscheiden, was Ihre Anspannung verursacht.

Sie haben immer gewusst, dass Ihnen alle Möglichkeiten offenstehen – Sie können selbst entscheiden, was Ihre Möglichkeiten sind.

Es ist gut, sich zu entspannen – die Regel wird als allgemeingültig dargestellt. Sie können diese annehmen und entscheiden, auf welche Weise Sie entspannen möchten.

Sie können sich erlauben, sich fallen zu lassen – Worte der Möglichkeit lassen Ihnen Spielraum für Ihre Entscheidung.

Tilgung

Auch Tilgungen können nützlich sein, um bestimmte Erinnerungen oder Wahrnehmungen beim Zuhörer auszulösen. Indem Einzelheiten weggelassen – also getilgt werden, wird der Zuhörer dazu gebracht, der Botschaft einen eigenen Sinn zu geben und bestimmte Emotionen in sich selbst auszulösen.

Beispiele:
Jeder kann lieben und niemand erlebt Liebe so wie Sie selbst – auch Sie können lieben. Sie entscheiden, wie Sie lieben.

Sie fühlen sich leichter – der Vergleich ist getilgt, Sie können selbst den Unterschied in Ihrem Zustand spüren.

Etwas in Ihnen regt sich – der Bezug ist getilgt. Sie können selbst entscheiden, was genau sich in Ihnen regt.

Sie merken, dass sich etwas verändert – die Verben sind getilgt. Was genau Sie merken und wie genau sich etwas verändert, können Sie selbst wahrnehmen.

Ihre Erfahrungen werden Sie stärken – das Substantiv ist getilgt. Ihre Erfahrungen kennen nur Sie selbst und können Bezug dazu nehmen, was Ihnen als Erstes einfällt.

Verzerrung

Verzerrungen können im Milton-Modell genutzt werden, um bestimmte Phantasien im Zuhörer auszulösen. Durch das Hervorrufen einer Phantasie kann die Mimik und Gestik des Zuhörers beobachtet und für die Kalibrierung genutzt werden. Um zu verstehen, wie Ihr Gegenüber wahrnimmt und um Rapport aufzubauen, kann also die bewusste Nutzung von Verzerrungen helfen, bestimmte Zustände im Zuhörer auszulösen.

Beispiele:

Entspannen Sie vollkommen. Lassen Sie los. Vielleicht sehen Sie etwas Interessantes vor Ihren Augen. – Hier soll eine Phantasie in Ihnen hervorgerufen werden. Die Formulierung ist unspezifisch und es steht Ihnen frei, ob und welche interessanten Dinge vor Ihrem inneren Auge erscheinen. Die Phantasie kann sowohl einen negativen als auch einen positiven Zustand in Ihnen auslösen.

Vielleicht fragen Sie sich, wohin diese Reise führt. – So soll in Ihnen eine Phantasie induziert werden, bei welcher es Ihnen komplett freisteht, in welche Richtung die Reise geht.

Ihr Wissen, dass Sie den richtigen Weg gehen, soll Ihnen helfen … - hier wird ein kausaler Zusammenhang formuliert, welcher Ihnen immer noch jede Menge Interpretationsmöglichkeiten offenhält.

Da Sie entspannt sind, können Sie loslassen. – Auch hier wird eine Annahme über Ursache und Wirkung gemacht. Diese Formulierungen sind besonders hilfreich, wenn Sprecher und Zuhörer bereits Rapport aufgebaut haben. Der Sprecher kann durch diese Formulierungen anfangen, den Klienten durch das Gespräch und die Trance zu leiten (Leading).

Welches Körperteil möchten Sie zuerst entspannen? – Hier wird vorausgesetzt, dass Sie zunächst einfach nur anfangen, etwas zu entspannen. Die Möglichkeit, nichts zu entspannen, wird genommen. Sie haben die Freiheit zu entscheiden, wo Sie beginnen möchten.

Anwendung

Das Milton-Modell wird nicht nur in der Therapie genutzt. Auch im Verkauf können unspezifische Formulierungen nützlicher sein als konkrete Worte. Der Verkäufer kann im Voraus nicht wissen, auf welche spezifischen Beschreibungen der Kunde anspringt. Generalisierte und getilgte Formulierungen werden genutzt, um Einfluss auf das Innere des Kunden zu haben. Dieser kann sich selbst sein Bild von dem Produkt malen, indem er den unspezifischen Worten unterbewusst eine Bedeutung zuschreibt.

Beispiel:

Stellen Sie sich den Verkäufer eines Computers vor.

„Niemand wird Probleme mit der Bedienung haben." – Durch diese Generalisierung wird Ihnen vermittelt, dass auch Sie die einfache Bedienung des Geräts genießen werden.

„Sie werden merken, wie besonders sich das neue Design anfühlt." – Das Adjektiv „besonders" wurde hier getilgt. Die Tilgung lässt Ihnen Raum, sich vorzustellen, auf welche Weise sich diese Besonderheit bemerkbar macht.

KONFLIKTLÖSUNG

Wahrnehmungspositionen 1-2-3

Besonders in Konfliktsituationen sind wir durch unser individuelles Erleben, unsere Emotionen und Erfahrungen in unserer Sichtweise eingeschränkt. Die Perspektive des Gegenübers einzunehmen fällt uns schwer und eine gemeinsame Lösung zu finden, erscheint unmöglich. Durch die Verletzung des Metamodells (Siehe: „Kommunikation" – „Metamodell der Sprache") werden von beiden Seiten des Konflikts Informationen weggelassen, verallgemeinert und verzerrt.

In diesem Abschnitt lernen Sie, verschiedene Wahrnehmungspositionen einzunehmen, um die Situation auch aus den Augen Ihres Gegenübers und aus einer neutralen Perspektive (Metaperspektive) zu bewerten. Durch das Einnehmen dieser Positionen sollen Sie neue Einblicke und Sichtweisen auf die Situation erlangen.

Die Wahrnehmungspositionen 1-2-3 setzen sich aus der Ich-, Du- und Metaperspektive zusammen.

Ich-Position
Sie sehen die Welt aus Ihren eigenen Augen. Wenn Sie die Situation nun aus Ihrer eigenen Sichtweise beschreiben, lässt sich die Realität nur schwer von Ihrer persönlichen Bewertung unterscheiden. Menschen, die zu sehr in dieser Position verharren, sind oftmals egoistisch.

Du-Position
In dieser Position versuchen Sie, vollständig den Blickwinkel Ihres Gegenübers einzunehmen. Wenn Sie gut darin sind, die Welt aus den Augen von anderen zu betrachten und Sie wenig Probleme damit haben, dessen Absichten, Bewertungen und Gefühle zu verstehen, haben Sie ein starkes Empathie-Empfinden. Bei Menschen, die hauptsächlich die Blickwinkel anderer einnehmen, kann es häufiger vorkommen, dass diese ihre eigenen Wünsche vernachlässigen.

Meta-Position
Diese Position ist ein gedankliches Konstrukt, um eine Situation sozusagen von außen zu betrachten. Sie schlüpfen damit in die Rolle einer außenstehenden unparteiischen Person, welche beide Positionen

erkennen kann. Jegliche Bewertung soll hier vermieden werden. Sie können sich vorstellen, einen Sachtext über den Konflikt zu schreiben, in welchem jegliche persönliche Meinungen und Gefühle fehl am Platz sind.

Übung:

1. Nun nehmen Sie die Metaposition ein. Betrachten Sie sich selbst und Ihren Gesprächspartner von außen. Beobachten Sie die Körperhaltung, Mimik und Gestik von beiden. Lauschen Sie dem Gespräch. Erkennen Sie die Emotionen und Absichten beider Seiten?

2. Erinnern Sie sich an einen Konflikt.

3. Nehmen Sie die Ich-Position ein. Sehen Sie die Konfliktposition aus Ihren eigenen Augen. Was sehen, hören oder fühlen Sie? Was denken Sie über die Situation? Welche Emotionen sind vorherrschend?
4. Nun nehmen Sie die Du-Position ein. Sehen Sie sich selbst aus den Augen Ihres Gegenübers. Nehmen Sie die Situation mit seinen Sinnesmodalitäten wahr. Hören Sie mit dessen Ohren Ihre eigenen Worte. Sagen Sie, was Ihr Gegenüber gesagt hat. Bewegen Sie sich genau wie er.

5. Nach diesen Schritten sollten Sie bereits neue Erkenntnisse über den Konflikt gewonnen haben. Sie haben erfahren, wer von Ihnen welche Absichten verfolgt oder welche Worte von beiden Seiten vielleicht verletzend waren.

6. Kehren Sie in die Ich-Position zurück und passen Sie Ihr Verhalten an die gewonnenen Erkenntnisse an. Vielleicht sagen Sie andere Worte oder kontrollieren Ihre Körpersprache besser?

7. Gehen Sie weiter in die Du-Position und bewerten Sie den Konflikt

erneut aus den Augen Ihres Gesprächspartners. Hat sich etwas verändert? Würden Sie nun andere Antworten geben? Wie fühlen Sie sich jetzt?

8. Gehen Sie alle Positionen so lange durch, bis Sie mit dem Ergebnis zufrieden sind.

9. Testen Sie Ihr Ergebnis bei der nächsten Gelegenheit in der Realität.

Auch hier lassen sich hervorragend Bodenanker nutzen, um die verschiedenen Positionen zu repräsentieren. Geraten Sie in Zukunft in einen Konflikt, versuchen Sie, sich bewusst Zeit zu nehmen, die verschiedenen Wahrnehmungspositionen einzunehmen, um diesen Konflikt so schnell es geht zu lösen.

Techniken zur Problemlösung

ANKERN

Als Ankern wird im NLP die bewusste Konditionierung eines Gefühls auf einen bestimmten Reiz bezeichnet. Dieser Reiz reicht dann aus, um in einer Situation ein positives Gefühl auszulösen. Beim Ankern wird also ein Gefühl gespeichert, welches jederzeit durch diesen Reiz wieder hervorgerufen werden kann. Durch diese NLP-Technik lernen Sie, wie Sie eigene Ressourcen nutzen können, um sich selbst zu helfen.

Der Anker ist im NLP ein äußerer Reiz, welcher immer die gleichen Gefühle hervorruft. Diese Reaktion auf einen bestimmten Stimulus wurde erlernt, wie z.B., dass Sie automatisch durch das Hören eines Liedes traurig oder glücklich werden.

Das Ankern baut auf dem Prinzip der klassischen Konditionierung auf und macht dieses nutzbar, um uns ein Werkzeug zu liefern, welches zu jedem Zeitpunkt unseren Gefühlszustand ändern kann.

Das bekannteste Beispiel für die klassische Konditionierung ist der Pawlowsche Hund. Hier erkannte der Physiologe Iwan Petrowitsch Pawlow, dass das Bereitstellen von Futter bei einem Hund Speichelfluss hervorrief. Das Futter war hier der sogenannte unbedingte Reiz (= ein Reiz, welcher, ohne zu lernen, eine Reaktion hervorruft) und der Speichelfluss eine unbedingte Reaktion (= eine angeborene Reaktion, welche durch den unbedingten Reiz ausgelöst wird). Indem Pawlow jedes Mal, wenn er dem Hund Futter bereitstellte, mit einer Glocke klingelte, reichte nach einiger Zeit das Klingeln aus, um einen Speichelfluss bei dem Hund zu erzeugen. Die Glocke war zunächst ein neutraler Reiz (= ein Reiz, der keine bestimmte Reaktion hervorruft) und wurde durch das simultane Präsentieren mit dem unbedingten Reiz zu einem bedingten Reiz (= ein Reiz, welcher nach Kopplung zu einer Reaktion führt).

Beim Ankern wird ebenfalls ein neutraler Reiz genutzt und mit einer Erinnerung gekoppelt, sodass der Reiz diese Erinnerung auslösen kann. Die Erinnerung ist damit eine bedingte Reaktion (= eine erlernte Reaktion auf einen bedingten Reiz).

Anker setzen

Einen Anker zu setzen, bedeutet, bewusst einen Reiz mit einer Reaktion zu koppeln. Ein Anker kann einen Reiz aus jedem unserer Wahrnehmungskanäle darstellen. Jede mögliche Sinneswahrnehmung, wie zum Beispiel eine Berührung, ein Lied, ein Geschmack oder ein Geruch, kann genutzt werden, um einen Anker zu setzen.

Wie auch bei der klassischen Konditionierung, gibt es einige Aspekte, die Sie beim Ankern beachten müssen. So spielt das Timing eine wesentliche Rolle sowie die Intensität und Reinheit der Gefühle/des Zustandes, die Genauigkeit der Wiederholung und die Einzigkeit des Ankers.

Übung:

1. Intensive Erinnerung
Erinnern Sie sich intensiv an eine Erfahrung, welche Sie glücklich macht. Achten Sie darauf, dass die Reaktion, also Ihre Gefühle, rein sind. Das bedeutet, dass die Erinnerung ausschließlich positive Gefühle in Ihnen auslöst und keine anderen Erinnerungen aufkommen, welche eine andere Reaktion hervorrufen könnten.

2. Intensive Gefühle
Versetzen Sie sich mehr und mehr in die Erinnerung hinein. Stellen Sie sich die Situation so detailliert wie möglich vor. Sie können auch bewusst Ihre Repräsentationssysteme abrufen, um Ihre Sinneswahrnehmung in dem Moment detaillierter abzurufen. Merken Sie, wie Ihre Gefühle immer stärker werden?

3. Anker setzen kurz vor dem Höhepunkt

Kurz bevor Sie den Höhepunkt Ihrer Reaktion erreichen – das heißt, kurz bevor die Erinnerung und die damit verbundenen Gefühle am stärksten sind – setzen Sie den Anker. Dies kann beispielsweise ein Lied sein, welches Sie abspielen oder Sie berühren sich an einer bestimmten Körperstelle. Wichtig hierbei ist, dass der Reiz einzigartig ist. Das bedeutet, dass es kein Reiz sein sollte, der regelmäßig auftritt. Sie sollten einen Reiz wählen, der ausschließlich zum Ankern benutzt werden soll, damit in Ihrem Alltag nicht ungewollt eine Reaktion ausgelöst wird. Wählen Sie also kein Lied, welches bekannt ist oder sich in Ihrer Playlist befindet. Berühren Sie sich an einer ungewohnten Körperstelle, welche sonst nicht berührt wird.

4. Präzise Wiederholung

Wiederholen Sie die Schritte 1 bis 3 direkt oder im Laufe Ihres Tages. Achten Sie darauf, den Anker immer zeitlich passend zu setzen, wenn Ihre Gefühle fast am stärksten sind.

5. Test: Anker auslösen

Sie befinden sich in einer alltäglichen Situation. Nun führen Sie den Anker aus. Das heißt Sie setzen bewusst den Reiz, welchen Sie als Anker genutzt haben. Spielen Sie Ihr geankertes Lied ab oder berühren Sie sich an der geankerten Körperstelle. Wenn das Ankern funktioniert hat, sollten Sie nun dieselbe Erinnerung und damit assoziierten Gefühle auslösen.

Wenn das Ankern nicht funktioniert hat, kann das an unterschiedlichen Aspekten gelegen haben. Vielleicht war Ihre Erinnerung nicht intensiv genug? Wie stark waren Ihre Emotionen wirklich? Vielleicht wurde der Anker nicht zum richtigen Zeitpunkt gesetzt? War der Reiz, den Sie ankern wollten, wirklich einzigartig oder tritt er vielleicht doch gelegentlich in einem anderen Kontext auf?

Wenn Sie alle Aspekte noch einmal kontrolliert haben, versuchen Sie es erneut. Fall Sie festgestellt haben, dass Ihr gewählter Reiz nicht rein genug war, können Sie Ihren ursprünglichen Anker auch gegebenenfalls überspielen, indem Sie dieselbe Erinnerung nun an einen anderen Reiz koppeln.

Eine zeitlich präzise Wiederholung der Reiz-Reaktions-Kopplung ist essentiell, damit das Ankern funktioniert. Seien Sie geduldig mit sich selbst. Einen Anker korrekt zu setzen, bedarf ein wenig Übung.

Wenn Sie so weit sind, dass Ihr Anker funktioniert, können Sie diesen nutzen, um negative Gefühle in positive zu verwandeln. Sie befinden sich gerade in einem Geschäft und plötzlich denken Sie ungewollt an etwas Trauriges und lösen unkontrollierte Gefühle in Ihnen aus? Nun können Sie Ihren Anker nutzen, um eine positive Reaktion auszulösen.

Anker verketten

Es kann vorkommen, dass ein einziger Anker nicht reicht, um einen stark-negativen Zustand zu beeinflussen. Der Zielzustand ist hierbei zu weit vom Ausgangszustand entfernt, sodass mehrere Anker hintereinander abgefeuert werden müssen, um über Zwischenschritte die gewünschte Reaktion zu erreichen.

1. Führen Sie sich den Ausgangszustand – also ein sehr negatives Gefühl – sowie den Zielzustand – also ein sehr positives Gefühl - vor Augen. Versetzen Sie sich einzeln in die Situation und bestimmen Sie die Gefühle, welche Sie dabei erleben. Als Hilfe kann Ihnen die Liste aus dem Abschnitt „Wie Sie Ihre Wahrnehmung nutzen können, um sich selbst positiv zu beeinflussen“ (Seite 16) dienen.
Ein Beispiel: Die Erinnerung an eine Trennung löst in Ihnen Gefühle der Sehnsucht, Einsamkeit und des Verlustes aus. Ihr Zielzustand soll von Glück, Unbeschwertheit und Optimismus geprägt sein.

2. Nun versuchen Sie, von den negativen zu den positiven Gefühlen zu kommen, indem Sie Schritt für Schritt bestimmte Zwischenzustände definieren.
Ein Beispiel: Ausgehend von einem tiefen Gefühl der Trauer kann zu einem etwas weniger negativen Gefühl von Wut oder Enttäuschung gewechselt werden. Von dort soll ein relativ neutrales oder leicht positives Gefühl von Aufregung erzeugt werden. Dann wird in einen Zustand von Hoffnung gewechselt, bevor der Zielzustand von Optimismus und Glück erreicht wird.

3. Nun erinnern Sie sich für jeden Zwischenschritt von Gefühlszuständen an eine Situation, in der Sie sich genauso gefühlt haben.
Ein Beispiel ist Zustand 1: Sie erinnern sich, wie Ihr Partner eine Ihnen sehr wichtige Verabredung abgesagt hat. Sie waren wütend und enttäuscht. Zustand 2: Sie hatten sich gut vorbereitet für eine wichtige Prüfung. Sie waren ängstlich-nervös, aber auch aufgeregt und wollten Ihre Leistung zeigen. Zustand 3: Nachdem Sie sich erinnern, wie Sie sich für zahlreiche Jobs beworben haben und endlich eine Einladung zum Vorstellungsgespräch kam. Sie waren aufgeregt und hoffnungsvoll. Zielzustand: Sie erinnern sich daran, wie Sie den Anruf erhalten haben, dass Sie Ihren Traumjob bekommen haben. Sie sind euphorisch.

4. Nun versetzen Sie sich in Zustand 1. Steigern Sie sich in die Situation hinein, nehmen Sie Ihre Gefühle wahr, lassen Sie sich fallen. Wenn Sie kurz vor dem Maximum Ihrer Emotionen angelangt sind, setzen Sie den Anker. Berühren Sie z. B. den seitlichen Knöchel des kleinen Fingers.

5. Nun versetzen Sie sich in Zustand 2 genauso intensiv, wie in Zustand

6. Nun berühren Sie den seitlichen Knöchel Ihres Ringfingers.

7. Wiederholen Sie Schritt 4 für Zustand 3 und berühren Sie den Knöchel Ihres Mittelfingers.

8. Wiederholen Sie Schritt 4 für Ihren Zielzustand und berühren Sie den Knöchel Ihres Zeigefingers.

9. Wiederholen Sie die Schritte 4 bis 7 so oft Sie können. Denken Sie daran, dass Ihre Gefühle in Ihren Erinnerungen rein sind, dass Sie die Anker zeitlich präzise setzen und dass die Anker einzigartig sind.

10. Nun benutzen Sie nacheinander die Anker, die Sie gesetzt haben. Lösen diese die gewünschten Reaktionen aus, hat Ihre Ankerkette funktioniert?

11. Benutzen Sie den Anker für Gefühlszustand 1. Schaffen Sie es, Ihren Zielzustand auszulösen?

12. Nun lösen Sie Ihren Ausgangszustand aus. Benutzen Sie Ihren ersten Anker. Schaffen Sie es, Ihren Zielzustand auszulösen? Wenn nicht, wiederholen Sie die Schritte 9 und 10.

Die gleiche Übung können Sie auch bei anderen durchführen, indem Sie für das Setzen eines Ankers zuständig sind. Die Person soll sich hierfür in Ihre jeweiligen Erinnerungen und Gefühlszustände hineinversetzen. Wenn es soweit ist, berühren Sie die Person und setzen so die Anker.

Anker überschreiben

Anker können nicht nur gesetzt werden, um Ihren Gefühlszustand zu verbessern. Bestimmte Reize können ungewollte Reaktionen in Ihnen auslösen, weil diese unterbewusst auf eine negative Erfahrung geankert wurden. Diese Anker können Sie neutralisieren, indem Sie mit anderen

Situationen assoziiert werden. Ein Beispiel: Der Geruch eines Parfum erinnert Sie an den schmerzlichen Verlust eines geliebten Menschen.

1. Erinnern Sie sich an eine positive Erfahrung. Dies kann beispielsweise Ihr letzter Urlaub sein.
2. Stellen Sie den Anker bereit und lassen Sie die negative Erinnerung zunächst zu. Sprühen Sie beispielsweise das Parfum, dessen Geruch Trauer in Ihnen auslöst, auf ein Tuch und riechen Sie immer wieder daran.

3. Hören Sie nicht auf, das Parfum zu riechen. Stellen Sie sich nun folgende Fragen: Wo waren Sie zuletzt im Urlaub? Wie war das Wetter? Was haben Sie unternommen? Während Sie sich in die Situation zurückversetzen, setzen Sie immer wieder den Anker.

4. Der Anker sollte nun die Situation Ihres Urlaubs hervorrufen. Wenn dies nicht der Fall ist, wiederholen Sie Schritt 3.

Bodenanker

Ein emotionales Erlebnis muss nicht zwingend durch eine Berührung des eigenen Körpers repräsentiert sein. Auch eine Stelle am Boden, welche vielleicht sogar durch einen Zettel markiert ist, kann als Anker genutzt werden. Der Bodenanker ist zwar – genau wie eine Berührung am Körper – ein kinästhetischer Anker, jedoch wird er durch die Berührung des Körpers zum Boden repräsentiert.

Diesen Bodenanker können Sie mit einer positiven Erinnerung assoziieren. Um sich selbst in einer stressigen Situation oder einer negativen Erinnerung zu ankern, kann ein Bodenanker genutzt werden, um diese positive Erinnerung hervorzurufen. Ein Bodenanker bietet außerdem einen besonderen Vorteil beim „Anker verketten", wenn sie durch Markierungen am Boden repräsentiert sind. Auf diese Weise fällt es leichter, die richtige Reihenfolge der Zwischenzustände einzuhalten. Oft sind Bodenanker stärker als Berührungen, da Sie einzigartige Wahrnehmungsmodalitäten nutzen. Eine Berührung am Körper kann häufiger vorkommen als das bewusste Betreten einer ganz bestimmten Stelle im Raum.

Um den Bodenanker zusätzlich zu stärken, können Sie ihn benennen und diesen Begriff auf den Zettel am Boden schreiben.

Bodenanker können nicht nur genutzt werden, um sich selbst in einen bestimmten Zielzustand zu versetzen. Bodenanker können auch hilfreich sein, um sich die Zeitlinie von Ereignissen vorzustellen, welche Sie zu Ihrem Ziel führt (siehe Abschnitt „Zeitlinien-Arbeit", ab Seite 59).

Auch bei anderen NLP-Techniken werden Sie den Bodenanker immer wieder nutzen können, um Ziele zu repräsentieren, Situationen einen neuen Kontext zu geben oder, um problematische Angewohnheiten abzulegen.

DIE SWISH-TECHNIK

Viele Menschen haben große Probleme damit, zwanghafte Gewohnheiten abzulegen. Ein zwanghaftes Verhalten zeichnet sich durch eine wiederkehrende Handlung aus, welche durch einen unkontrollierten Impuls hervorgerufen wird.

Wenn Ihnen bei sich selbst eine zwanghafte Verhaltensweise einfällt, die Sie schon länger versuchen zu ändern, kann Ihnen die sogenannte Swish-Technik helfen. Die Swish-Technik ist ein Werkzeug aus dem NLP, welches dabei hilft, Ihre unerwünschten Gewohnheiten abzulegen und Motivation aufbaut, um sich neue Verhaltensmuster anzueignen.

„Swish" steht hier für ein Wisch-Geräusch, welches entsteht, wenn zwei Dinge schnell aneinander vorbeiziehen. Bei dieser Technik gleitet Ihr Bild von der Angewohnheit, die Sie loswerden möchten an dem Bild vorbei, welches Ihr Wunschverhalten zeigt, sodass Ihr Ziel in den

Vordergrund rutscht.

Das Wischen basiert auf Ihrer visuellen Vorstellungskraft. Hierbei kommen die Techniken zum Bewusstsein Ihrer eigenen Wahrnehmung aus dem Abschnitt „Trainieren Sie Ihre eigene Wahrnehmung" (ab Seite 12) zum Einsatz. Vor allem die Submodalitäten Farbe, Helligkeit und Entfernung spielen eine große Rolle.

Übung:

1. Welche zwanghafte Angewohnheit möchten Sie ändern? Möchten Sie aufhören zu rauchen, wenn Sie nervös werden? Möchten Sie aufhören, an Ihren Fingernägeln zu kauen? Möchten Sie aufhören, jedes Mal vor dem Verlassen der Wohnung zwanzigmal zu kontrollieren, ob Sie Ihren Schlüssel eingepackt haben?

2. Welches Verhalten geht Ihrer schlechten Angewohnheit direkt voraus? Beim Nägelkauen wäre es vielleicht Ihre Hand, die Sie zum Mund führen. Schließen Sie die Augen! Stellen Sie sich dieses Verhalten als Bild vor! Dieses Ausgangsbild sollten Sie sich aus Ihrer eigenen Perspektive vorstellen, d.h. Sie sehen nicht Ihren Kopf, sondern nur die Hand, welche sich auf Ihren Mund zubewegt.

3. Nun brauchen Sie ein Zielbild. Dieses Bild muss sehr attraktiv für Sie sein und Sie als jemanden darstellen, der niemals ein solch negatives Verhalten zeigen würde. Zum Beispiel können Sie sich in einem Bewerbungsgespräch vorstellen. Sie sind schick gekleidet und möchten von sich überzeugen, um Ihren Traumjob zu bekommen. In dieser Situation würden Sie niemals eine Zigarette hervorholen und rauchen oder an Ihren Fingernägeln kauen oder sogar ein Bier trinken. Die Situation kann in keiner Weise Ihre schlechte Angewohnheit zulassen. In diesem Zielbild sehen Sie sich selbst – also aus der Perspektive einer

außenstehenden Person. Das bedeutet, das Zielbild ist dissoziiert.

4. Nun visualisieren Sie Ihr Ausgangsbild vor Ihrem inneren Auge. Ihr Zielbild packen Sie ganz klein in die obere Ecke von Ihrem Ausgangsbild. Stellen Sie sich Ihr Ausgangsbild zunächst klar und in Farbe vor und Ihr Zielbild unscharf und weit entfernt.

5. Nun vertauschen Sie die Positionen Ihrer Bilder. Ihr Zielbild wird größer und heller, während Ihr Ausgangsbild schrumpft und dunkler wird. Ihr Ausgangsbild verliert an Farbe und wird immer verschwommener bis Ihr Zielbild groß und in Farbe vor Ihnen leuchtet und sich Ihr Ausgangsbild in einer kleinen Ecke befindet. Diese Vorstellung soll wie ein „aneinander-vorbeiwischen" der beiden Bilder passieren.

6. Schauen Sie sich das Zielbild für einen Moment an. Dann öffnen Sie die Augen und strecken sich einmal. Sie unterbrechen damit Ihre Vorstellung. Das bezeichnet man im NLP als einen Separator. Dieser hat den Zweck, eine Endlosschleife Ihrer Vorstellungen zu verhindern. So können Sie nach einer kurzen Pause den nächsten Durchgang starten.

7. Wiederholen Sie die Schritte 4 bis 6 ein paarmal.

8. Nun testen Sie, ob die Technik erfolgreich war. Stellen Sie sich Ihr Ausgangsbild vor. Wenn Sie es nicht schaffen, dieses Bild zu halten, sondern automatisch Ihr Zielbild übernehmen, haben Sie es geschafft.

Diese Technik ist für Zwangsverhalten geeignet, welches Sie sich unbedingt und in jeder Situation abgewöhnen möchten. Wenn Sie bewusst eine Entscheidung treffen – beispielsweise, dass Sie jetzt gerne Alkohol trinken möchten – dann ist diese Technik ungeeignet. Für solche Gewohnheiten können Sie die Six-Step-Reframing Technik ausprobieren.

Für die obige Übung eignet sich ebenfalls die Nutzung eines Bodenankers (Seite 45). Für Ihr Problemverhalten sowie Ihr Zielbild können Sie zwei nahe beieinanderliegende Stellen am Boden nutzen. Wenn Sie nun Schritt 5 der Swish-Technik durchführen, können Sie Ihr Zielbild größer werden lassen, indem Sie dessen Bodenanker durch einen einzigen schnellen Schritt erreichen.

SIX-STEP-REFRAMING

Im Gegensatz zu den zwanghaften Gewohnheiten, wie zum Beispiel dem Nägelkauen, gibt es außerdem unerwünschte oder sogar schädliche Verhaltensweisen, welche abgelegt werden sollen oder auch Verhaltensweisen, welche Sie sich aneignen wollen.

Oft gibt es nur einen oder wenige Versuche, um vielleicht mit dem Rauchen aufzuhören, sich gesünder zu ernähren, Sport zu machen o.Ä., bevor die Person wieder schwach wird und in ihre alten Verhaltensmuster zurückfällt. Das Verhalten muss hierbei nicht offensichtlich von außen erkennbar sein, wie beispielsweise das Rauchen; viele Menschen legen toxische Verhaltensweisen an den Tag, die sich im Umgang mit ihren Emotionen oder in ihrer Kommunikation mit anderen äußern. Dies kann z.B. eine verschlossene Haltung gegenüber Freunden sein. Die Person hat Hemmungen, ihre Gefühle zu äußern, sodass ihre Freunde ihr nicht helfen können.

Das Six-Step-Reframing ist ein Sechs-Schritte-Programm, um gewohnte Verhaltensweisen abzulegen oder sich neue Gewohnheiten anzueignen.

Wenn Sie keinerlei Schwierigkeiten damit haben, Ihre Gewohnheiten zu verändern, dann brauchen Sie diese Technik nicht.

Übung:

1. Versuchen Sie, Ihre schlechte Angewohnheit zu personifizieren. Stellen Sie sich einen Menschen vor, der Ihr Verhalten illustriert. Geben Sie ihm einen Namen.

2. Nun begrüßen Sie Ihre Gewohnheit wie einen alten Freund. Dieser Schritt fällt vielen schwer, da ihr Bild von ihrem Verhalten natürlich sehr negativ belastet ist. Dennoch ist es wichtig, dass Sie das, was Sie loswerden möchten, zunächst akzeptieren. Stellen Sie sich vor wie das Trinken, welches vielleicht eine Frau mit struppigem Haar namens Ellie ist, vor Ihnen steht. Visualisieren Sie die Einzelheiten dieser Person.

3. Eine der Grundannahmen des NLP ist: Jedes Verhalten hat in irgendeinem Kontext eine positive Funktion. Machen Sie sich bewusst, was das bei Ihrer Angewohnheit sein könnte. Machen Sie sich die positive Absicht hinter Ihrem Verhalten bewusst, indem Sie Ihre Person – Ellie - danach fragen. Was ist die positive Absicht hinter dem Trinken? Vielleicht, dass Sie dadurch entspannter sind? Oder weil viele Ihrer Freunde gerne Alkohol trinken und Sie dadurch geselliger sind? Machen Sie sich bewusst, wie wichtig diese Absicht in ihrer Funktion ist.

4. Nun fragen Sie Ellie: „Wärst du bereit, diese Angewohnheit abzulegen, wenn eine andere Verhaltensweise dieselbe Funktion erfüllen würde und wärst du bereit, diese für einen gewissen Zeitraum auszuprobieren?“ In den meisten Fällen wird die Antwort so etwas sein wie: „Ich glaube zwar nicht, dass eine andere Angewohnheit genau denselben Zweck erfüllen wird, aber wenn doch, wäre ich bereit diese auszuprobieren.“

5. Nun seien Sie kreativ und stellen Sie sich eine Person vor, welche Ihnen Vorschläge für andere Verhaltensweisen macht, welche dieselbe Funktion erfüllen würden. Wenn Ihre Absicht hinter dem Alkoholkonsum ist, dass Sie entspannter und geselliger sind, könnten andere Verhaltensweisen vielleicht das gleiche Ergebnis liefern? Vielleicht können Sie sich dazu durchringen, ohne ein Glas Wein in der Hand eine Person anzusprechen oder trotzdem zu Ihrem Lieblingslied auf einer Party zu

tanzen?

6. Hinterfragen Sie auch, ob Ihr Alternativverhalten ökonomisch für Sie ist? Gehen Sie in sich und schauen Sie, ob ein anderer Teil von Ihnen vielleicht einen Einwand gegen die neue Angewohnheit haben könnte. Wenn dies nicht der Fall ist: Können Sie für ein paar Wochen versuchen, dieses neue Verhalten zu zeigen, statt Ihrer alten Angewohnheit?

REFRAMING

Reframing ist eine NLP-Technik, welche eine bessere Variante des „das Beste daraus machen"-Konzepts darstellt. Reframing steht für etwas „neu einrahmen" oder „einen neuen Rahmen geben". Sie ändern den Rahmen einer problematischen Situation und beeinflussen somit Ihre Gefühle.

Nachdem Sie schon analysiert haben, ob es vielleicht möglich ist, etwas an sich selbst zu ändern, kann es sein, dass Sie in einer Sackgasse landen. Nicht alles ist nur von Ihnen selbst beeinflusst. Äußere Faktoren, wie das Verhalten anderer, können Sie nicht immer ändern. Was sollen Sie also in einer solchen Situation tun? Was, wenn Ihr Partner Sie verlässt? Was, wenn Sie Ihren Job verlieren? Hier hilft es nicht, Ihr eigenes Verhalten zu ändern. In Situationen wie diesen können Sie nur Ihre Einstellung ändern. Hier kommen wieder die Grundannahmen des NLP zum Einsatz: „Jeder Mensch trägt alle Ressourcen für sein Ziel in sich selbst", und „Jedes Verhalten ist in irgendeinem Kontext sinnvoll." Hier bedeutet das, dass sich in jeder Situation etwas Positives finden lässt, auch wenn es noch so klein ist. Sie selbst tragen die Ressourcen in sich, um diese positive Seite zu entdecken.

Ein Beispiel: Ihr Partner hat sich nach einer langen Beziehung von Ihnen getrennt. Sie sind am Boden zerstört, nichts kann Sie aufmuntern.

Übung:

1. Wenn Sie einen gewissen emotionalen Abstand zu der Situation erreicht haben, fragen Sie sich: Welche positiven Auswirkungen hat die Situation auf mein Leben? Vielleicht haben Sie mehr Raum, um sich um Ihre eigene Persönlichkeitsentwicklung zu kümmern oder haben mehr Zeit für Ihre Freunde?

2. Wenn Sie selbst nichts Positives finden können, fragen Sie sich: Was würden meine engsten Freunde oder meine Familie sagen? Vielleicht würde Ihre beste Freundin so etwas sagen wie: „Du wolltest doch immer reisen. XY steht dir nun nicht mehr im Weg“, oder: „Ihr hattet schon immer unterschiedliche Interessen. Nun kannst du die Zeit für deine Hobbys nutzen“.

Ein anderes Beispiel: Ihnen wurde gekündigt, Sie stehen ohne Job da. Sie haben Angst, sind verzweifelt.

1. Welchen neuen Rahmen können Sie der Situation geben? Vielleicht hatten Sie ohnehin nicht geplant, für immer den gleichen Beruf auszuüben? Das ist Ihre Chance für einen Neustart!

2. Sie können nichts Positives finden? Was würde Ihre Mutter sagen? Vielleicht fällt ihr ein, wie Sie früher immer bestimmte Interessen hatten, welche Sie nicht mehr verfolgt haben, da Sie so mit Ihrer Arbeit beschäftigt waren? Nun können Sie sich etwas Neues suchen, was viel besser zu Ihren Vorstellungen passt!

Auch beim Reframing lassen sich Bodenanker einsetzen. Setzen Sie hierfür einen Bodenanker für Ihre Problemsituation und überlagern Sie diesen, indem Sie die positiven Aspekte dieser Erfahrung immer mehr in den Vordergrund bringen.

PHYSIOLOGIE

Zu jedem Zeitpunkt wird unsere Stimmung von zwei Faktoren beeinflusst:

Faktor 1: Die internale Repräsentation der Außenwelt – also wie Sie die Realität interpretieren.

Faktor 2: Die Physiologie – also wie Sie sich bewegen und atmen, welche Haltung Sie gerade haben usw.

Beide Faktoren beeinflussen unser Nervensystem und damit unsere Gefühlszustände.

Die Vorgänge in unserem Körper können uns Aufschluss über unsere Gefühlslage geben. Das heißt, dass bestimmte körperliche Zustände von unseren Gefühlen beeinflusst werden können.

Unsere Physiologie umfasst alle körperlichen Zustände, welche von außen erkennbar sind. Sie zeigt sich beispielsweise in unserer Atmung, Gesichtsfarbe, Muskelspannung, Haltung, in der Schweißproduktion oder in unbewussten Bewegungen. In unseren Augen wird sie durch die Blickrichtung, den Lidreflex, die Größe und Feuchtigkeit gezeigt, in unserer Stimme durch die Tonlage und Lautstärke. Die Physiologie, welche auftritt, wenn wir in einem unangenehmen Gefühlszustand sind, wird im NLP als Problem-Physiologie bezeichnet. Die Zielphysiologie ist die, welche wir zeigen, wenn wir zufrieden, glücklich oder entspannt sind. Stehen Sie zum Beispiel im Stau und müssen pünktlich zu einem wichtigen Termin erscheinen, könnte Ihre Problemphysiologie eventuell folgendermaßen aussehen: Ihre Hände halten verkrampft das Lenkrad fest, Ihr Körper ist nach vorne gebeugt und Ihr Blick ist starr. In einer anderen Situation sind Sie zum Eis essen mit Ihrem besten Freund verabredet, Sie sind gut in der Zeit, das Wetter ist schön, Sie freuen sich. In diesem emotionalen Zustand könnte sich Ihre Zielphysiologie folgendermaßen manifestieren: Sie sind entspannt an die Rückenlehne angelehnt. Ihre Hände umfassen das Lenkrad locker.

Andersherum ist es möglich, unseren körperlichen Zustand so zu verändern, dass dieser unseren emotionalen Zustand beeinflusst. Die Wechselwirkung zwischen körperlichen und emotionalen Zustand basiert auf der Grundannahme, dass Körper und Geist eng miteinander verbunden sind.

Diese Annahme kann dafür genutzt werden, den momentanen Gefühlszustand gezielt durch unsere Physiologie zu beeinflussen.

Ein Beispiel: Sie befinden sich kurz vor einem wichtigen Vortrag, den Sie vor Ihrem gesamten Kollegium sowie Ihrem Vorgesetzten oder Professor halten müssen.

Übung:

1. Die Problemphysiologie: Stellen Sie sich vor, Sie sind unvorbereitet. Versetzen Sie sich in die Lage hinein, dass Sie vor allen Ihren Vortrag präsentieren und Sie sich ständig verhaspeln, nicht wissen was Sie sagen wollen und keine Antwort auf die zahlreichen Fragen haben. Wenn Sie sich in diesen Zustand hineinversetzt haben und kurz vor Ihrem emotionalen Höhepunkt sind, achten Sie auf Ihren physiologischen Zustand. Wie halten Sie Ihre Hände? Ist Ihr Gesicht entspannt? Ist Ihnen warm oder kalt? Schwitzen Ihre Handflächen? All diese physiologischen Parameter haben Sie durch Ihren Gefühlszustand induziert.

2. Die Zielphysiologie: Nun stellen Sie sich vor, Sie sind sehr gut vorbereitet. Sie wissen alles über Ihr Thema, Sie sind der Experte. Sie haben sich jedes Detail des Themengebiets angeschaut und Sie wissen, dass Sie jede einzelne Frage perfekt beantworten können. Nun achten Sie auf Ihren physiologischen Zustand. Sitzen oder stehen Sie aufrecht? Sind Ihre Hände geöffnet oder geschlossen? Wie fühlt sich Ihre Atmung und Ihr Herzschlag an?

Da es schwierig sein kann, sich selbst in eine Situation

hineinzuversetzen und sich gleichzeitig auf den eigenen körperlichen Zustand zu konzentrieren, können Sie sich gerne Hilfe von jemandem holen. Diese Person kann nun die obige oder eine andere Situation beschreiben. Ihre Aufgabe ist es nur, sich so gut es geht in die Situation hineinzuversetzen. Ihr Gegenüber kann nun von außen Ihre Physiologie beobachten. Oft fällt es leichter, die minimalen Unterschiede in der Mimik, Körperhaltung oder Atmung von anderen wahrzunehmen als von sich selbst.

Dieses Verfahren wird viel in der Therapie genutzt. Wie sieht ein Patient aus, wenn er innerlich aufgewühlt ist? Wie verändern sich seine Körperhaltung, seine Augenbewegungen usw.? Durch das Induzieren der Problemphysiologie kann ein Therapeut erkennen, wie seine Patienten körperlich individuell auf innere Problemzustände reagieren. Durch das Induzieren einer Zielphysiologie kann ein Therapeut wiederum erkennen, wie sich der individuelle innere Zielzustand seiner Patienten in ihren physiologischen Parametern manifestiert. Diesen körperlichen Zustand kann sich ein Therapeut einprägen und wieder hervorrufen, um den Fortschritt seiner Patienten im Auge zu behalten. Ist eine therapeutische Übung erfolgreich gewesen, zeigt der Patient seinen physiologischen Zielzustand. Um die Physiologie eines Patienten noch besser der Erinnerung zuordnen zu können, kann der Therapeut ebenfalls Bodenanker nutzen. So ist leichter nachzuverfolgen, bei welcher Erinnerung der Patient eine bestimmte Physiologie zeigt.

Ein wichtiger körperlicher Zustand, welcher sich zwischen dem Problem- und dem Zielzustand befindet, ist der Ressourcenzustand. Dieser kann hervorgerufen werden, wenn jemand es nicht direkt schafft, seinen Zielzustand zu induzieren. Mit gezielten Körperhaltungen, Mimik und Gestik kann so Schritt für Schritt zum Zielzustand geführt werden.

Die oben aufgeführte Übung können Sie ein paarmal wiederholen oder auch andere positive und negative Situationen verwenden, um Ihre Problem- und Zielphysiologie kennenzulernen. Verwenden Sie auch

Situationen, in denen Sie schon einmal waren oder sich in Zukunft befinden könnten. Der Bezug zur Realität ist wichtig, um Ihren wahren körperlichen Zustand hervorzurufen. Vor allem Ihr Bewusstsein für Ihre individuelle Zielphysiologie ist entscheidend, um sie für Sie im Alltag nutzbar zu machen. Wenn Sie genau wissen, dass eine entspannte und zufriedene Gefühlslage sich in einer bestimmten Weise auf Ihren körperlichen Zustand auswirkt, können Sie diesen Zustand aktiv einnehmen, um umgekehrt die zugehörige Gefühlslage zu induzieren.

Übung – Anwendung im Alltag:

1. Sie befinden sich nun in einer angespannten und gestressten Situation. Vielleicht haben Sie gerade eine zeitnahe Frist für einen Auftrag bekommen. Sobald Sie merken, wie Sie sich gestresst fühlen, werden Sie sich bewusst über Ihre Physiologie. Wie sitzen Sie gerade? Wie halten Sie Ihre Hände?

2. Nun erinnern Sie sich an Ihre Zielphysiologie. Setzen Sie sich aufrecht hin. Öffnen Sie die Handflächen. Legen Sie Ihre Hände locker auf Ihre Knie. Atmen Sie langsam und regelmäßig. Entspannen Sie Ihre Gesichtsmuskulatur.

3. Bleiben Sie solange in Ihrer Zielphysiologie, bis Sie eine Veränderung Ihrer Gefühlslage bemerken.

DIAMOND-TECHNIK

Wie Sie es bereits im Reframing gelernt haben, müssen Probleme nicht immer gelöst werden. Oft hilft es schon, die Probleme aus einem anderen Blickwinkel zu betrachten. In der Diamond-Technik wird Ihr Problem nicht gelöst, sondern aufgelöst, indem Sie ein anderes Verständnis für das Problem gewinnen. Die Diamond-Technik ist daher eine spezielle

Form des Reframings.

Stellen Sie sich nun das Problem und sein Ziel innerhalb einer Kiste vor. Das Problem zu lösen, würde bedeuten, den Weg vom Problem bis zum Ziel innerhalb dieser Kiste zurückzulegen. Das Problem aufzulösen würde bedeuten, die Kiste zu verlassen.

Die Diamond-Technik setzt sich aus zwei Ebenen zusammen. Ebene 1 behandelt die Gemeinsamkeiten von Problem und Ziel sowie alles, was weder Problem noch Ziel umfasst. Ebene 2 fügt hinzu, welche Möglichkeiten und Verhinderungen durch die verschiedenen Sichtweisen entstehen.

Übung:

1. Stellen Sie sich ein Problem und das zugehörige Ziel vor. Zum Beispiel ist das Problem, dass Sie etwas verlieren und das Ziel, dass Sie es behalten.
2. Können Sie das Ziel erreichen? Was können Sie tun, um das Ziel zu erreichen? Was würde es bedeuten, wenn Sie das Ziel erreichen?

3. Stellen Sie sich Problem und Ziel als sich gegenüberstehende Sätze vor. Zum Beispiel: „Ich verliere meine Brieftasche“, und „Ich behalte meine Brieftasche.“

4. Was haben Ihr Problem und Ihr Ziel gemeinsam? Was ist die Gemeinsamkeit von Verlieren und Behalten? Durch diese Frage sollen Sie sich von Ihrem Problem entfernen und generelle Gemeinsamkeiten von den gegenüberstehenden Sätzen finden. Finden Sie zum Beispiel heraus, dass Verlust und Erhalt eines gemeinsam haben: Sie setzen Besitz voraus.

5. Nun fragen Sie sich für jede Ihrer Antworten, welche Möglichkeiten

Sie dadurch haben. Was ermöglicht Ihnen Besitz? Was verhindert er?

Die Diamond-Technik klingt zunächst sehr abstrakt, aber mit genügend Wiederholungen können Sie sich durch diese Übung erfolgreich von Ihrem Problem distanzieren.

FAST PHOBIA

In diesem Abschnitt lernen Sie eine der bekanntesten und erfolgreichsten Techniken des NLP kennen: Die Fast Phobia-Technik kann Sie in 20 bis 30 Minuten von jeglicher Phobie befreien.

Eine Phobie ist eine starke, irrationale Furcht vor bestimmten Objekten, Situationen, Aktivitäten, Personen oder Tieren. Personen mit einer Phobie besitzen zwar die kognitive Erkenntnis darüber, dass ihre Phobie nicht aus einer Bedrohung resultiert, trotzdem können sie ihre Angstreaktion auf den bestimmten Reiz nicht verhindern. Um eine Phobie zu haben, muss die Person starke und dramatische Bilder von dem jeweiligen Reiz erzeugen, welche sie nicht kontrollieren kann. Diese inneren Bilder sind dem Phobiker nicht bewusst, nur die körperliche Reaktion auf einen bekannten Auslöser kennt er.

Beispiel – Geankerte Phobie
Phobien können ihren Ursprung in der Ankerung der Reaktion auf einen Reiz haben, wenn sie einmal eine dramatische Reaktion auf diesen Reiz miterlebt haben.

Zum Beispiel haben Sie als Kind einmal eine Schlange im Wald gesehen und Ihre Mutter hat angefangen panisch zu schreien. Der Reiz – also die Schlange – wurde nun mit einer panischen Reaktion gekoppelt und entwickelt sich zu einer Schlangenphobie.

Beispiel – Erlernte Phobie
Phobien können aber auch durch die Beobachtung von Situationen gelernt werden. Dies kann leicht durch angsteinflößende Filme oder

Videos passieren. Sehen Sie beispielsweise ein Video davon, wie jemand den Wald betritt, von einer Schlange gebissen wird und daran stirbt, kann es passieren, dass das Bild eines Waldes auf die Angst vor Schlangen geankert wird. In Zukunft wird ein Wald zum Auslöser Ihrer Schlangenphobie.

Die sogenannte Fast Phobia-Technik ist eine sehr wirkungsvolle Übung, um Phobien in kurzer Zeit loszuwerden.

Bevor Sie in der folgenden Übung Schritt für Schritt lernen, Ihre Phobie loszuwerden, starten Sie zunächst mit einem Ökologie-Check. Stellen Sie sich die folgenden Fragen:

Was würde passieren, wenn Sie Ihre Phobie erfolgreich loswerden?

Gäbe es irgendwelche negativen Konsequenzen, wenn Sie diese Phobie nicht mehr haben?

Üblicherweise wird Ihnen das Ablegen einer Phobie nur positive Konsequenzen bringen. Dennoch ist ein Ökologie-Check vor jeder Durchführung einer NLP Technik sinnvoll, um sicherzustellen, dass Ihnen die jeweilige Übung nur Vorteile bringen kann.

Hinweis: Falls Sie eine sehr starke Phobie haben, sollte die nächste Übung nur unter Aufsicht eines Experten oder Ihres Therapeuten durchgeführt werden. Fühlen Sie sich sicher genug, können Sie dennoch eine vertraute Person bitten, dabei zu sein. Dies kann Ihnen die Sicherheit geben, dass die Person Sie beruhigen kann, falls Ihre phobische Reaktion zu stark ist.

Übung:

1. Denken Sie an den Auslöser Ihrer Phobie. Versetzen Sie sich so stark in diese Situation, dass eine phobische Reaktion ausgelöst wird.

2. Nun verlassen Sie die Situation. Stellen Sie sich vor, wie Sie im Kino auf einer Leinwand dieselbe Situation in einem Schwarz-Weiß-Film

schauen. Stellen Sie sich zunächst den Beginn dieser Situation vor. Zum Beispiel sehen Sie das Bild eines Waldes vor sich. Sie wissen, dass sich dort das Objekt Ihrer Phobie – also zum Beispiel die Schlange – befindet.

3. Nun nähern Sie sich der kritischen Situation. Sie setzen also beispielsweise die ersten Schritte in den Wald. Schritt für Schritt nähern Sie sich der Schlange.

4. Wenn Sie den kritischen Punkt erreicht haben, lassen Sie den inneren Film ablaufen, bis Sie den schlimmsten Moment erreicht haben.

5. Nun halten Sie den Film an genau dieser Stelle an und erzeugen ein Standbild. Dies kann zum Beispiel der Moment sein, in dem Sie von der Schlange gebissen werden. Sie betrachten sich selbst, wie Sie am Boden liegen.

6. Nun betreten Sie den Film und sehen die Situation aus Ihren eigenen Augen. Fügen Sie Farbe hinzu und nehmen Sie die Situation detailliert wahr.
7. Nun lassen Sie die gesamte Situation rückwärts ablaufen, bis Sie sich wieder vor dem kritischen Punkt befinden. Sie stehen wieder vor dem Wald und sind kurz davor, ihn zu betreten.

8. Wiederholen Sie die Schritte 2 bis 7 etwa fünf- bis zehnmal.

9. Wiederholen Sie nun Schritt 1 und testen Sie, ob der Gedanke an den Auslöser immer noch eine phobische Reaktion bei Ihnen auslöst. Wenn ja, dann wiederholen Sie noch ein paar weitere Male die Schritte 2 bis 7 und testen Sie es erneut. Wenn nein, dann testen Sie Ihre phobische Reaktion bei der nächsten Gelegenheit in der Realität.

Techniken zur Zielerreichung

SMART-METHODE

Folgende Situation kommt Ihnen vielleicht bekannt vor: Sie haben sich ein Ziel gesetzt. Vielleicht wollen Sie mit dem Rauchen aufhören, ein paar Kilogramm abnehmen, sich gesünder ernähren oder Ähnliches. Hochmotiviert beginnen Sie damit, Ihr Ziel umzusetzen. Doch nach kurzer Zeit merken Sie, wie Ihre Motivation Sie verlässt und schneller als Sie dachten, geben Sie auf.

Bevor Sie an der Umsetzung Ihrer Ziele arbeiten und lernen, welchen Weg Sie gehen sollten und was Sie dabei beachten sollten, finden Sie in diesem Abschnitt zunächst eine Methode des NLP für die Formulierung Ihrer Ziele. Wenn ein Ziel nicht erreicht wird, hat dies oft nichts mit dem Ziel selbst zu tun, sondern mit mangelnder Motivation auf dieses Ziel hinzuarbeiten. Doch warum sind wir unmotiviert? Im NLP hängt die Kraft der Motivation von den Zielformulierungen ab. Ziele sollen attraktiv und erreichbar formuliert werden, um motiviert an dessen Umsetzung heranzugehen. Die SMART-Methode des NLP fasst alle Kriterien zusammen, welche die Formulierung eines Zieles erfüllen sollen. SMART steht für **S**innesspezifisch, **M**essbar, **A**ttraktiv, **R**ealistisch und **T**erminiert.

Sinnesspezifisch

Im Kapitel über Wahrnehmung haben Sie bereits etwas über unsere fünf Sinne – den visuellen, auditiven, kinästhetischen, olfaktorischen und gustatorischen Sinn – gelernt. Nun sollen Sie Ihr Ziel mit all Ihren Sinnen erfassen. Stellen Sie sich also vor, Sie hätten Ihr Ziel bereits erreicht: Wie sieht es aus, wie hört es sich an, wie fühlt es sich an, wie riecht es und wie schmeckt es? Können Sie sich alle diese Sinnesmodalitäten vorstellen? Wenn nicht, dann stimmt etwas mit Ihrem Ziel nicht. Vielleicht ist es nicht konkret formuliert und Sie wissen gar nicht ganz genau was Sie erreichen möchten? Wenn Sie sich Ihr Ziel mit all Ihren Wahrnehmungskanälen detailliert vorstellen können, dann wird Ihr Ziel greifbarer und kraftvoller, wodurch Sie größere Motivation spüren werden.

Messbar
Wenn Sie Ihr Ziel definiert haben, dann sollten Sie auch genau definieren, auf welche Weise Sie messen können, wann genau Sie Ihr Ziel erreicht haben werden. Wenn Sie also beispielsweise als Ziel haben, erfolgreich in Ihrem Job zu sein, fragen Sie sich: Ab wann sind Sie erfolgreich? Wie messen Sie Erfolg? Wenn Sie diesen Zeitpunkt nicht definieren können, bleibt unklar, wann Ihr Ziel erreicht ist. Ihr Ziel ist nicht messbar. Sie könnten also zum Beispiel sagen: „Mein Ziel ist es, erfolgreich in meinem Job zu sein. Das bedeutet, dass ich eine ganz bestimmte Führungsposition erreicht habe.“ Und schon haben Sie Ihr Ziel messbar gemacht. Ein etwas expliziteres Beispiel wäre, dass Sie abnehmen möchten. Wenn Sie nicht definieren, wie viel Gewicht Sie genau verlieren möchten, ist Ihr Ziel nicht messbar. Die Messbarkeit ist ein weiterer Aspekt, der maßgeblich zu Ihrer Motivation beiträgt.

Attraktiv
Die Attraktivität Ihres Ziels umfasst mehrere Aspekte. Ein wichtiger Aspekt ist der Weg hin zum Ziel. Ist dieser sehr anstrengend und erfordert sehr viel Arbeit, kann es sein, dass Ihr Ziel zu übertrieben ist und Sie sich übernommen haben. Die Attraktivität Ihres Ziels ist dadurch deutlich geringer. Außerdem sollten Sie Ihr Ziel regelmäßig hinterfragen: „Ist das überhaupt mein eigenes Ziel?“ „Will ich das überhaupt?“ „Habe ich dieses Ziel von jemandem übernommen?“ Es kann leicht passieren, dass Ihr Ziel sich als eines entpuppt, welches vielleicht nur ein allgemein gesellschaftlich anerkanntes Ziel ist, aber für Sie persönlich nicht das richtige Ziel darstellt. Beispielsweise ist Ihr Ziel, zusammen mit Ihrem Ehemann

ein Haus zu kaufen, „weil man das eben so macht". Wenn Sie Ihre Vorstellung von einem glücklichen Leben noch einmal hinterfragen, stellen Sie vielleicht fest, dass Sie in den nächsten 20 Jahren noch nicht sesshaft werden wollen und lieber mit Ihrem Mann von Ort zu Ort ziehen wollen. Ein übernommenes Ziel bleibt oft nicht lange attraktiv, da Sie früh die Motivation verlieren werden.

Realistisch
Ob ein Ziel realistisch ist, hängt zum einen davon ab, ob es erreichbar ist und zum anderen, ob Sie selbst daran glauben, es erreichen zu können. Erreichbarkeit kann bedeuten, dass Sie eine gewisse Summe Geld auf Ihrem Weg zum Ziel benötigen oder dass Sie den zeitlichen Rahmen realistisch abstecken. Beispielsweise ist es innerhalb eines halben Jahres eher unrealistisch, sich von ganz unten nach ganz oben in eine Führungsposition hochzuarbeiten. Hier sollten kleinere Zwischenziele abgesteckt werden, um Ihr Ziel wieder erreichbar zu machen. Schlussendlich ist es wichtig, dass Sie fest davon überzeugt sind, dass Sie Ihr Ziel erreichen können. Ihr Ziel kann noch so realistisch oder attraktiv sein; wenn Sie Zweifel daran haben, dass Sie es schaffen können und Sie nicht glauben, dass Sie die nötige Kraft und Ausdauer aufbringen können, wird Ihr Ziel unrealistisch und Sie werden früher oder später aufgeben.

Terminiert
Ein gut definiertes Ziel benötigt einen Termin. Wenn Sie ein attraktives, messbares und realistisches Ziel haben, aber nicht genau festlegen, wann Sie dieses erreichen wollen, kann es schnell dazu kommen, dass Ihre Motivation nachlässt. Ein gewisser Druck ist nötig, um Ihre Motivation aufrecht zu erhalten.

Abgesehen von den Aspekten der SMART-Methode gibt es noch weitere Punkte, welche Sie bei Ihrer Zielsetzung und -formulierung beachten sollten.

Generell wird im NLP von der Wohlgeformtheit einer Zielformulierung geredet. Diese bezieht sich auf die folgenden Aspekte:

Positiv formuliert
Bei der Definition Ihres Zieles sollten schlussendlich keine Negationen oder Vergleiche mehr enthalten sein. Das bedeutet, dass eine Formulierung wie: „Ich möchte besser als so und so sein", ersetzt werden sollte durch: „Ich möchte genau so und so sein." Auch eine Formulierung wie: „Ich möchte nicht mehr das und das tun", soll vermieden werden. Stattdessen sagen Sie: „Ich möchte das und das tun."

Spezifiziert
Hierzu gehört unter anderem der sinnesspezifische Kontext, welcher in der SMART-Methode beschrieben ist. Zusätzlich soll der Kontext Ihres Ziels spezifiziert werden. Das bedeutet, dass Sie Definitionen zum Ort, zur Zeit und zu den Menschen, welche Ihr Ziel definieren, erstellen. Ihr Ziel soll also nicht nur terminiert sein, sondern Sie sollen sich genau vorstellen, wo Sie Ihr Ziel erreichen und welche Menschen mit eingebunden sind. Zusätzlich definieren Sie auch, wann, wo und mit wem Sie Ihr Ziel NICHT erreichen möchten.

Ökologisch
Bevor Sie anfangen, Ihr Ziel zu planen, sollten Sie nicht nur abwägen, welchen Nutzen Ihnen Ihr Ziel bringt, sondern auch welche Kosten damit verbunden sind. Der Ökologie-Check ist ein wichtiger Schritt bei der Bestimmung Ihres Ziels, da bei der Setzung eines Ziels die Kosten, sowohl für Sie selbst als auch für Ihr Umfeld, leicht übersehen werden können. Positive und negative Effekte können also Ihr inneres System sowie das äußere System, welches sich durch Ihre Freunde, Familie oder auch den Arbeitsmarkt zusammensetzen kann, betreffen. Deshalb sollten Sie sich die folgende Frage stellen: Welchen Einfluss hat die Erreichung

eines Ziels auf das äußere und innere System? Was wären negative und positive Konsequenzen, wenn Sie Ihr Ziel erreichen?

Beispiel:
Möchten Sie beispielsweise härter und länger arbeiten, um Ihrer Familie mehr bieten zu können. Dieses Ziel betrifft eher Ihr äußeres System, also Ihre Familie. Die positive Konsequenz Ihres Ziels wäre, dass Sie Ihrer Familie einen tollen Urlaub oder neue Möbel oder Spielzeug finanzieren können. Die negativen Konsequenzen Ihres Ziels sind, dass Sie mehr Zeit und Energie in Ihre Arbeit stecken müssen, welche Ihnen dann für Ihre Familie fehlt. Sie müssen also Kosten und Nutzen für Ihr äußeres System abwiegen.

Übung:

1. Überlegen Sie sich, was Sie schon länger tun wollten, es aber nie wirklich in Angriff genommen haben. Nehmen Sie sich einen Stift und ein Blatt Papier zur Hand. Machen Sie sich ein paar Notizen zu Ihrem Ziel.

2. Wenn Sie genug Aspekte Ihres Zieles gesammelt haben, formulieren Sie Ihr Ziel wohlgeformt, spezifisch, messbar, attraktiv, realistisch und terminiert aus.
Dies kann beispielsweise so aussehen: Bis zum Zeitpunkt x werde ich x kg abnehmen. Ich werde mich gesund fühlen. Ich werde mich im Spiegel anschauen und mich schön finden. Ich werde stolz sein. Ich werde attraktiver sein.

3. Hängen Sie den Zettel an einer Stelle auf, wo Sie ihn oft sehen können.

ZEITLINIEN-ARBEIT

Ein wichtiger Schritt, um Ihre Ziele zu erreichen, ist es, Ihre Reise Schritt für Schritt zu definieren. Vielleicht wissen Sie genau was Ihre Ziele sind und arbeiten darauf hin. Vielleicht haben Sie aber auch manchmal das Gefühl, von Ihrem Weg abzukommen? Um in diesen Momenten wieder einen klaren Blick für Ihre nächsten Schritte zu bekommen, reicht es oft nicht aus, Ihre Ziele nur zu definieren. Es fehlt die Erkenntnis darüber, wo Ihre Ziele stehen, wo sie selber stehen und wie weit der Weg zwischen diesen Punkten ist.

Um zu erkennen, ob Sie sich auf dem richtigen Weg befinden, können Sie die sogenannte „Timeline-Technik", oder auch „Zeitlinien-Arbeit", benutzen. Hierbei lernen Sie den Umgang mit der Zeit, um Ihre Zukunft so gestalten zu können, dass Sie Ihre Ziele erreichen. Die Technik basiert darauf, wie Zeit in unserem Gehirn repräsentiert ist. Zeit wird von Menschen sehr subjektiv wahrgenommen, da Sie abhängig von dem jeweiligen Kontext wahrgenommen wird. Stellen Sie sich vor, Sie verpassen Ihren Zug um eine Minute. Diese eine Minute scheint Ihnen sehr wertvoll. Für einen Studenten, welcher in der Abschlussprüfung durchgefallen ist, erscheint ein Jahr wertvoller als für jemand anderen. Und so verändert sich der Wert der Zeit mit jeder Erfahrung, die wir machen. Wenn wir uns zeitliche Abläufe vorstellen, sehen wir diese oft räumlich als Punkte vor unserem inneren Auge. Die Zeitlinien-Arbeit zielt darauf ab, diese Punkte zu verbinden und die Zeit dazwischen als sehr wertvoll wahrzunehmen, sodass in kürzester Zeit die besten Veränderungen vorgenommen werden können, um Ihr Ziel zu erreichen.

In der nächsten Übung sollen Sie lernen, sich Ihre Vergangenheit, Gegenwart und die Ziele für Ihre Zukunft räumlich vorzustellen, um zu erkennen, ob Sie sich auf dem richtigen Weg auf Ihr Ziel zubewegen. Auch hier lassen sich wunderbar Bodenanker setzen, um Ihre Zeitreise noch stärker zu durchleben.

Übung:

1. Wenn Ihre Vergangenheit ein Punkt im Raum wäre, wo wäre sie? Wo

hat Ihr Ziel seinen Ursprung genommen? Wann war das? In welcher Lebenslage standen Sie damals? Wie haben Sie zu diesem Zeitpunkt Ihre Ziele definiert?

2. Wenn Ihr Ziel ein Punkt im Raum wäre, wo wäre es? Wo in der Zukunft sehen Sie Ihr Ziel? In ein paar Wochen, Monaten oder erst in ein paar Jahren? Sind Ihre Ziele noch genau dieselben, die Sie ursprünglich definiert hatten?

3. Nun stellen Sie sich gleichzeitig den Ursprung als Punkt in Ihrer Vergangenheit vor und Ihr Ziel als Punkt in Ihrer Zukunft. Verbinden Sie diese beiden Punkte mit einer geraden Linie.

4. Nun fassen Sie einen intuitiven Gedanken: Wo stehen Sie jetzt gerade? Befinden Sie sich auf der Linie? Welcher der Punkte ist näher? Stehen Sie neben der Linie? Wie weit entfernt sind Sie von der Linie?

Nachdem Sie nun festgestellt haben, wo Sie gerade stehen auf Ihrem Weg in Richtung Ihres Ziels, können Sie diese Erkenntnis nutzen, um so viele Veränderungen wie möglich in kürzester Zeit zu vollbringen. Hierfür können Sie zwischen sich selbst und Ihrem Zielpunkt weitere Punkte eintragen, welche Ihre Zwischenziele repräsentieren.

WALT-DISNEY-STRATEGIE

In der Einleitung haben Sie bereits erfahren, wie das Neuro-Linguistische Programmieren seinen Ursprung nahm. Drei sehr erfolgreiche Wissenschaftler wurden als Vorbild genommen, ihre Verhaltensweisen studiert und eine Strategie entstand, die für jeden eine Vielfalt an Werkzeugen bot, um ebenfalls erfolgreich zu werden.

In diesem Abschnitt geht es um eine NLP-Technik, welche nach einem der bekanntesten und erfolgreichsten Filmproduzenten benannt wurde: Walt Disney. Während das Geheimnis von Disney's Erfolg untersucht wurde, erkannte man, dass Disney drei verschiedene Phasen der Zielsetzung unterschied.

Die Walt-Disney-Strategie ist eine Technik zur Umsetzung von Zielen und Träumen. Dieses simple „Drei-Schritte-Prinzip" zeigt Ihnen, auf welchem Weg Sie Ihre Träume erreichen können.

Es gibt drei Positionen, die Sie bei Ihrer Zielsetzung einnehmen sollten:

Der Träumer stellt sich das Ziel ausgeprägt und übertrieben vor. Er will nicht nur das Haus auf der Insel besitzen, er will die ganze Insel.

Der Planer ist für die Umsetzung und Organisation des Traumes zuständig. Er recherchiert, kalkuliert und plant, wie und ob der Traum erreichbar gemacht werden kann.

Der konstruktive Kritiker begutachtet das Ergebnis des Planers und ist dabei sehr kritisch. Kleinigkeiten müssen noch mal überdacht werden, Dinge wurden sich vielleicht einfacher vorgestellt als sie sind.

Disney hatte sogar für jede dieser Positionen einen eigenen Raum mit jeweils unterschiedlichen Ausstattungen, welche die jeweilige Position in ihrer Ausführung unterstützen konnte. Hierfür können Sie auch drei verschiedene Stellen in einem Raum markieren oder drei Gegenstände nutzen, um die Positionen zu visualisieren. Auch hier lassen sich hervorragend Bodenanker benutzen.

Übung:

1. Legen Sie Ihre Gegenstände fest. Die Position des Träumers könnte beispielsweise durch ein Bild von dem, was Sie erreichen möchten oder durch eine Reisetasche dargestellt werden. Der Planer könnte durch ein Notizbuch oder einen Terminplaner visualisiert werden. Der konstruktive Kritiker hat vielleicht finanzielle Einwände? Dann nehmen Sie seine Position mit Ihrer Brieftasche ein.

2. Nehmen Sie nun die Position des Träumers ein und halten Sie den

zugehörigen Gegenstand fest.

3. Führen Sie sich Ihren Traum vor Augen. Visualisieren Sie alle Details. Steigern Sie sich weiter in die Phantasie hinein. Werden Sie kreativ. Sie können gerne übertreiben. Sie möchten Schauspieler werden? Kein Problem, Sie werden ein beliebter Filmstar, verdienen einen Haufen Geld und bekommen jede Rolle, die Sie möchten. Falls es Ihnen schwerfällt, kreativ zu werden, denken Sie zurück an einen Moment in Ihrer Vergangenheit, in dem Sie sehr kreativ waren. Versetzen Sie sich in das Gefühl dieser Erinnerung hinein und versuchen Sie, erneut die Phantasie Ihres Traumes auszuleben.

4. Wenn Sie sich in Ihren Traum hineingesteigert und ihn durchlebt haben, verlassen Sie die Position des Träumers. Packen Sie Ihren Gegenstand weg. Schütteln Sie sich einmal, atmen tief durch und distanzieren Sie sich von Ihren Phantasien. Setzen Sie einen Separator.

5. Nun nehmen Sie die Position des realistischen Planers ein, indem Sie zunächst den zugehörigen Gegenstand in die Hand nehmen.

6. Versuchen Sie, gedanklich Schritt für Schritt Ihren Traum zu verwirklichen. Nehmen Sie jeden dieser Schritte auseinander und organisieren Sie ihn so detailliert und realistisch wie möglich. Folgende Fragen könnten Sie in dieser Position unterstützen:
Können Sie Zwischenziele festlegen, um Ihren Traum in Etappen zu erreichen?
Welche Schritte sind notwendig, um Ihren Traum zu erreichen?
In welcher Reihenfolge müssen diese Schritte erfolgen?
Wie viel Zeit benötigen Sie für jeden dieser Schritte?
Wie viel Zeit benötigen Sie insgesamt, um Ihr Ziel zu erreichen?
Benötigen Sie noch andere Ressourcen außer Zeit? Fehlt Ihnen

finanzielle Unterstützung oder die Hilfe von anderen?

7. Wenn Sie den Weg zu Ihrem Traum durchgeplant haben, verlassen Sie die Position des Planers. Legen Sie den Gegenstand beiseite. Separieren Sie sich gedanklich von dieser Position, schütteln Sie sich einmal und atmen Sie tief durch.

8. Nun nehmen Sie die Position des konstruktiven Kritikers ein, indem Sie den zugehörigen Gegenstand festhalten.

9. Versuchen Sie sich genau vorzustellen, welche Punkte Ihrer Planung noch nicht durchführbar sind und an welchen Stellen etwas schiefgehen könnte. Nehmen Sie eine eher pessimistische Haltung ein und gehen Sie bei jedem Ihrer Schritte davon aus, dass der schlimmste Fall eintreten könnte. Stellen Sie sich folgende Fragen:
Welche Schritte in Ihrer Planung sind nicht 100-prozentig durchgeplant?
Was könnte schiefgehen?
Was sind die Schwächen bei diesen Etappen und was fehlt, um sie zu organisieren?

10. Wenn Sie feststellen sollten, dass es bei der Planung einiger Schritte noch ungeklärte Fragen gibt oder dass einige Aspekte noch nicht vollständig durchdacht worden sind, gehen Sie zurück in die Position des Planers. Überlegen Sie sich noch einmal genauer, wie diese Aspekte durchgeführt werden könnten.

11. Wenn Sie eine Lösung für die Einwände des konstruktiven Kritikers gefunden haben, gehen Sie wieder in dessen Position. Wechseln Sie solange zwischen diesen Positionen, bis Ihr Plan komplett und realistisch durchführbar ist.

12. Sollten Sie in der Position des Planers keine Lösung für die Einwände des Kritikers gefunden haben, nehmen Sie wieder die Position des Träumers ein. Verändern Sie Ihre Phantasie ein wenig. Durchdenken Sie die Aspekte Ihres Traumes und überlegen Sie, ob diese realistisch sind. Zu Anfang haben Sie vielleicht von einem sehr übertriebenen Traum phantasiert. Nun müssen Sie eventuell ein paar Abstriche machen. Auf diese Weise nähern Sie sich dem bestmöglichen Traum, welchen Sie in der Realität auch umsetzen können. Zunächst ändern Sie nur kleine Details in Ihrer Träumer-Position. Ist die Planung nun umsetzbar? Hat der konstruktive Kritiker noch Einwände?

13. Durchlaufen Sie alle Positionen solange, bis es einen organisierten und umsetzbaren Plan gibt, um Ihren Traum zu erreichen.

Zum Schluss dieser Übung enden Sie immer beim Träumer. Haben Sie Ihren Plan bis zum Ende umsetzbar organisiert, nehmen Sie sich den Traumgegenstand und durchleben noch einmal das Ergebnis Ihrer Zielvorstellung. Dies soll Ihnen zum Ende noch einmal ein gutes Gefühl geben und Sie motivieren, die Planung Ihres Traumes auch wirklich umzusetzen.

Die obigen Übungen können Sie auch mit Freunden oder einer Gruppe von Leuten durchführen. Wenn Sie alle zusammen Ihre Träume visualisieren und planen, können Sie sich gegenseitig unterstützen und Ideen und Anregungen für die Organisation Ihrer Träume geben.

TEILE-VERHANDELN

Die vorherigen Techniken haben Ihnen Übungen gezeigt, welche Sie Ihrem persönlichen Ziel näherbringen sollen. Oft ist jedoch das Problem, dass nicht nur eine Option als Ziel bereitsteht, sondern verschiedene Ziele in Frage kommen. Ein Teil von Ihnen möchte vielleicht Karriere machen und erfolgreich sein, während ein anderer Teil von Ihnen anstrebt, mehr Freizeit zu haben, welche in die Familie und in Hobbys

investiert werden kann. Diese zwei Teilpersönlichkeiten von Ihnen stehen offensichtlich in Konflikt zueinander. Es ist nicht möglich, so viel zu arbeiten, um erfolgreich zu sein und gleichzeitig genügend Zeit für andere Dinge zu haben.
In diesem Abschnitt lernen Sie, wie Sie zwischen Ihren Teilpersönlichkeiten, welche unterschiedliche Ziele verfolgen, verhandeln, um den für Sie besten Weg zu gehen. Sie lernen zu erkennen, wie wichtig Ihnen Ihre verschiedenen Ziele sind und finden Kompromisse, um Ihr Hauptziel effizient zu verfolgen.

Übung:

1. Finden Sie Ihren inneren Konflikt. Dieser kann so aussehen: „Einerseits möchte ich x, andererseits möchte ich y". Die beiden Ziele widersprechen sich und können nicht zeitgleich erarbeitet werden. Zum Beispiel möchten Sie in Ihrem Urlaub einerseits ein Seminar besuchen, um sich weiterzubilden, andererseits brauchen Sie dringend eine Auszeit von der Arbeit.

2. Nun trennen Sie beide Teile voneinander, indem „Einerseits" in Ihrer linken und „Andererseits" in Ihrer rechten Hand repräsentiert ist. Sie können genauso gut zwei Raumanker setzen, welche die gegenüberliegenden Teile darstellen.

3. Charakterisieren Sie beide Teile nacheinander. Öffnen Sie eine Handfläche. Beschreiben Sie detailliert, wie Ihr Ziel aussieht, wie es sich anfühlt und was die positive Absicht hinter diesem Teil ist. Nun öffnen Sie Ihre andere Hand und wiederholen Sie die Beschreibung für Ihre andere Teilpersönlichkeit.

4. Nun öffnen Sie beide Hände und lassen Ihre Teile miteinander kommunizieren. Was sind die jeweiligen Absichten? Welche Einwände

haben die Teile gegeneinander?

5. Nun versuchen Sie, das übergeordnete Ziel beider Teile zu identifizieren. Im Beispiel für Ihren Urlaub könnte das gemeinsame Ziel beider Teile sein, dass Sie Ihre Urlaubszeit möglichst sinnvoll nutzen möchten. Auch wenn es für Ihren persönlichen inneren Konflikt zunächst so scheint, als gäbe es kein gemeinsames Ziel: Je allgemeiner und abstrakter Sie werden, desto eher finden Sie Ihr gemeinsames Ziel. Dieses kann zum Beispiel auch einfach sein, dass beide Teile möchten, dass Sie glücklich sind.

6. Wenn Sie eine gemeinsame Absicht beider Teile gefunden haben, können Sie anfangen, Ihre Teile miteinander verhandeln und zusammenarbeiten zu lassen:
Besprechen Sie im Detail, wie Sie sich in Zukunft in bestimmten Situationen verhalten werden. Zum Beispiel: Passiert Situation A, wird Teil x aktiv. Passiert Situation B, wird Teil y aktiv. Für das obige Beispiel könnte das bedeuten, dass Sie in Abhängigkeit von Ihrem Stresspegel entscheiden, ob Sie Ihre Urlaubstage für Entspannung oder Weiterbildung nutzen.
Bestimmen Sie für jedes Teil eine Zeit, in der dieses Teil aktiv ist und das andere schweigt. Dies kann Ihnen helfen zu erkennen, welches Teil Ihnen wichtiger ist, indem Sie bewerten, in welcher Zeit Sie sich wohler gefühlt haben.

7. Zuletzt führen Sie noch einen Ökologie-Check durch, indem Sie sich fragen, ob noch weitere Teile in Ihnen aktiv sind, welche unterschiedliche Ziele verfolgen.

Schlusswort

Der wichtigste Punkt bei allen NLP-Techniken, die Sie kennengelernt haben, ist Wiederholung. Sofern Sie nicht an offiziellen Seminaren teilnehmen möchten, sollten Sie die Übungen im Alltag immer und immer wieder wiederholen. Nur so kann beispielsweise ein Bewusstsein für Ihre eigene Wahrnehmung intuitiv und automatisch erfolgen. Seien Sie sich bewusst, dass Veränderungen nicht von heute auf morgen geschehen können. Mit ein wenig Geduld werden Sie schon bald die Fähigkeiten in Ihnen entdecken, welche Sie benötigen, um Ihre Ziele zu erreichen.

Quellen

Antwerpes, Frank und Graf von Westphalen, Georg: „Exterozeption", unter: https://flexikon.doccheck.com/de/Exterozeption (zuletzt abgerufen am 01.05.2020), DocCheckFlexikon

Antwerpes, Frank: „Interozeption", unter: https://flexikon.doccheck.com/de/Interozeption (zuletzt abgerufen am 01.05.2020), DocCheckFlexikon

Brüning, L. (2016), Wyatt Woodsmall und die Modeling-Diskussion im NLP, Deutscher Verband für Neuro-Linguistisches Programmieren e.V. – DVNLP e.V.

Clark, R. E. (2004), The Classical Origins of Pavlov's Conditioning, Integrative Physiological & Behavioral Science, Vol. 39, No. 4, 279-294

Davis, Kim: „NLP Presuppositions – basic beliefs and assumptions", unter: https://nlp-mentor.com/presuppositions/ (zuletzt abgerufen am 29.04.2020)

Domaschke, Carolin: „Was ist ein Bodenanker?", unter: http://www.nlp-erlernen.de/was-ist-ein-bodenanker/ (zuletzt abgerufen am 18.05.2020)

Ekman, P. und Friesen, W.V. (1969) The Repertoire or Nonverbal Behavior: Categories, Origins, Usage and Coding. Semiotica, 1, 49-98.

Franz, M. (2006), Die Subjektivität der Wahrnehmung, Deutscher Verband für Neuro-Linguistisches Programmieren e.V. – DVNLP e.V.

Holzfluss, Bernd: „Das Meta-Modell der Sprache", unter: https://www.nlp-ausbildung-holzfuss.de/nlp-informationen/nlpmodelle/das-nlp-meta-modell-der-sprache (zuletzt abgerufen am 06.05.2020)

Kroeber-Riel, W. und Weinberg, P.: „Konsumentenverhalten", Verlag Franz Vahlen, München, 2003, Seiten 243 bis 268

Landsiedel, Stefan: „NLP Bibliothek", unter: https://www.landsiedel-seminare.de/nlp-bibliothek/ (zuletzt abgerufen am 19.05.2020), Kapitel: Einleitung, Wahrnehmung, Kalibrieren und Rapport, Repräsentationssysteme, Ankern, Meta-Modell der Sprache, Reframing, Trance, Submodalitäten, Stressmanagement, Zeitlinienarbeit, Selbstkonzept, Diamond-Technik

Landsiedel, Stefan: „NLP-Techniken und Methoden kennenlernen und anwenden", unter: https://www.landsiedel-seminare.de/nlp-seiten/nlp-techniken.html (zuletzt abgerufen am 19.05.2020), Kapitel: Rapport, Ankern, Repräsentationssysteme, Six-Step-Reframing, Swish-Technik, Fast-Phobia, Milton-Modell, Meta-Modell, SMART-Methode, Time-Line, Wahrnehmungspositionen 1-2-3, Teile-Verhandeln, Reframing

Mayer, K. C.: „Zwangsstörungen (OCD)", unter: http://www.neuro24.de/zwangsneurosen.htm (zuletzt abgerufen am 10.05.2020)

Mehrabian, A.: Nonverbal Communication, Transaction Publishers, New Brunswick (U.S.A) and London (U.K.), 1972

Mýrdal, A., Klein, P., Gampper, J., Dannnemeyer, R., Buchholz, L: Denkweisen – Der offizielle NLP-Guide, Deutscher Verband für Neuro-Linguistisches Programmieren e.V. – DVNLP e.V.,2019, 8. Auflage

NLP Audiotraining von Stefan Landsiedel, NLP Podcast 1-11 (2016), Spotify

NLP-Zentrum Berlin: „SMART“, unter: https://nlp-zentrum-berlin.de/infothek/nlp-glossar/smart (zuletzt abgerufen am 17.05.2020)

Ready, R. and Burton, K.: Neuro-linguistic Programming For Dummies – 2nd Edition, A John Wiley and Sons, Ltd, Publication, Chichester, West Sussex, England, 2010

Schwehm, Matthias: „Wahrnehmungspositionen 1-2-3“, unter: https://www.e-nlp.de/Wahrnehmungspositionen-1-2-3.html (zuletzt abgerufen am 19.05.2020)

Wenniger, Gerd u.a.: „Phobie“, unter: https://www.spektrum.de/lexikon/psychologie/phobie/11525 (abgerufen am 18.05.2020), Lexikon der Psychologie, Spektrum Akademischer Verlag, Heidelberg

Wenniger, Gerd u.a.: „Selbstkonzept“, unter: https://www.spektrum.de/lexikon/psychologie/selbstkonzept/13932 (abgerufen am 19.05.2020), Lexikon der Psychologie, Spektrum Akademischer Verlag, Heidelberg

Zimmer, R.: Handbuch der Sinneswahrnehmung. Freiburg: Herder, 2011, S. 119f

Zimmer, R.: Handbuch der Sinneswahrnehmung. Freiburg: Herder, 2011, S. 120f

Wir danken Ihnen für Ihr Interesse und Ihr Vertrauen. Als Dankeschön dafür, haben wir eine besondere Überraschung. Sie interessieren sich für NLP, haben aber keine Lust, zahlreiche Bücher zu wälzen? Wir haben die wichtigsten **Grundregeln** für Sie auf einen Blick. Das Beste: Sie erhalten diese vollkommen kostenlos. Das klingt wunderbar? Dann warten Sie nicht lange und holen Sie sich Ihr Gratis-Geschenk.

Hier geht es zu Ihrem Gratis-Geschenk:

https://forms.gle/KEwnynC4CSBnAY557

1. **Öffnen Sie die Kamera-App auf Ihrem Smartphone und richten Sie die Kamera auf den QR-Code.**
2. **Klicken Sie auf den Link, der Ihnen angezeigt wird und schon werden Sie zur Website weitergeleitet.**

Impressum

Herausgeber: Orbita Media Verlag GmbH & Co. KG / Ericusspitze 4 / 20457 Hamburg
Kontakt: kontakt@empireofbooks.de
Website: https://empireofbooks.de
Coverbild: Shutterstock

Haftungsausschluss:
Die Nutzung dieses Buches und die Umsetzung der enthaltenen Informationen, Anleitungen und Strategien erfolgt auf eigenes Risiko. Der Autor kann für etwaige Schäden jeglicher Art aus keinem Rechtsgrund eine Haftung übernehmen. Haftungsansprüche gegen den Autor für Schäden materieller oder ideeller Art, die durch die Nutzung oder Nichtnutzung der Informationen bzw. durch die Nutzung fehlerhafter und/oder unvollständiger Informationen verursacht wurden, sind grundsätzlich ausgeschlossen. Rechts- und Schadenersatzansprüche sind daher ausgeschlossen. Dieses Werk wurde sorgfältig erarbeitet und niedergeschrieben. Der Autor übernimmt jedoch keinerlei Gewähr für die Aktualität, Vollständigkeit und Qualität der Informationen. Druckfehler und Falschinformationen können nicht vollständig ausgeschlossen werden. Es kann keine juristische Verantwortung sowie Haftung in irgendeiner Form für fehlerhafte Angaben vom Autor übernommen werden. Die bereitgestellten Analysen, Vorschläge, Ideen, Meinungen, Kommentare und Texte sind ausschließlich zur Information bestimmt und können ein individuelles Beratungsgespräch nicht ersetzen. Alle Informationen dieses Buches entsprechen dem Kenntnisstand zum Zeitpunkt des Verfassens dieses Buches. Eine Haftung für mittelbare und unmittelbare Folgen aus den Informationen dieses Buches ist somit ausgeschlossen.
Informieren Sie sich weitläufig aus unterschiedlichen Quellen und bedenken Sie, dass am Ende nur Sie für die Entscheidungen verantwortlich sind.

Haftung für externe Links:
Unser Angebot enthält Links zu externen Websites Dritter, auf deren Inhalte wir keinen Einfluss haben. Deshalb können wir für diese fremden Inhalte auch keine Gewähr übernehmen. Für die Inhalte der verlinkten Seiten ist stets der jeweilige Anbieter oder Betreiber der Seiten verantwortlich. Die verlinkten Seiten wurden zum Zeitpunkt der Verlinkung auf mögliche Rechtsverstöße überprüft. Rechtswidrige Inhalte waren zum Zeit-punkt der Verlinkung nicht erkennbar.

WirmachenDruck.de
Sie sparen, wir drucken!